EL MODELO
DOING GOOD

SHARI ARISON

EL MODELO
DOING GOOD

Activa tu bondad en los negocios

EDICIONES OBELISCO

Si este libro le ha interesado y desea que le mantengamos informado de
nuestras publicaciones, escríbanos indicándonos qué temas son de su interés
(Astrología, Autoayuda, Ciencias Ocultas, Artes Marciales, Naturismo,
Espiritualidad, Tradición…) y gustosamente le complaceremos.

Puede consultar nuestro catálogo en www.edicionesobelisco.com

Colección Empresa
EL MODELO *DOING GOOD*
Shari Arison

1.ª edición: junio de 2018

Título original: *The Doing Good Model: Activate Your Goodness in Business*

Traducción: *Pilar Guerrero*
Corrección: *M.ª Jesús Rodríguez*
Diseño de cubierta: *Isabel Estrada*
sobre una imagen de Shutterstock

© 2015, Arison Creative, Ltd.
Original en lengua inglesa publicado por BenBella Books
(Reservados todos los derechos)
© 2018, Ediciones Obelisco, S. L.
(Reservados los derechos para la presente edición)

Edita: Ediciones Obelisco, S. L.
Collita, 23-25. Pol. Ind. Molí de la Bastida
08191 Rubí - Barcelona - España
Tel. 93 309 85 25 - Fax 93 309 85 23
E-mail: info@edicionesobelisco.com

ISBN: 978-84-9111-354-6
Depósito Legal: B-13.377-2018

Printed in Spain

Impreso en España en los talleres gráficos de Romanyà/Valls, S. A.
Verdaguer,1 - 08786 Capellades (Barcelona)

*Este libro está dedicado a todos los presidentes,
directores generales, miembros de las juntas directivas,
equipos de administración y empleados de empresas comerciales
y organizaciones filantrópicas del Grupo Arison,
así como a las universidades y profesores, asesores y facilitadores,
y a cualquier otra persona, en el pasado, presente o futuro,
que han estado involucrados en la creación e implementación
del Modelo Doing Good. A todos os aprecio mucho.*

PRIMERA PARTE

ACTIVA TU BONDAD A TRAVÉS DE LA VISIÓN Y LOS VALORES

Capítulo 1

Mi travesía profesional

De oruga a mariposa

La transformación es un tema que he respirado y vivido la mayor parte de mi vida. Algunas personas podrían decir que lo tuve muy fácil: heredé una fortuna. Pero lo cierto es que lo importante no es lo que tienes sino lo que haces con ello. Este libro trata sobre lo que hice con mi fortuna.

Siempre quise marcar alguna diferencia en el mundo y estoy en una vía de crecimiento y transformación personal constante. Después de haber pasado treinta años metida de lleno en el ámbito de la filantropía y combinándola los últimos quince años con la dirección de un negocio global, aprendí que, en conjunto, estos dos mundos forman una gran plataforma para el cambio positivo. Debido a que mi empresa opera en más de cuarenta países, en cinco continentes, con miles de personas como fuerza global de trabajo, tenemos un impacto excepcional.

Para crear un cambio sostenible a largo plazo, sabía que tenía que involucrar a las personas adecuadas que formaban los equipos precisos para crear una estrategia eficaz y su implementación. Mi objetivo era introducir una perspectiva basada en los valores, con el fin de transformar todas mis entidades comerciales porque sabía, incluso entonces, que todas mis posesiones tendrían que ser congruentes con mi propia brújula moral. Era consciente de que este cambio sería posible con la visión correcta, sin darme por vencida y siendo un ejemplo personal para los demás.

Cualquiera que me conozca sabe que cuando tengo una visión, seguida de una llamada profunda en mis entrañas, nada detiene mi persistencia hasta hacerla realidad. Ha llevado tiempo, pero juntos hemos sido capaces de crear un modelo que se ha convertido en nuestra brújula organizativa. Ahora tenemos una guía práctica a seguir. Es un modelo de negocio que ha crecido desde dentro y ha madurado en el tiempo, un modelo que guía el Grupo Arison en nuestro trabajo cotidiano, tomando decisiones y actuando en función del mismo. Como sentimos que todo lo que hacemos se enfoca en hacer el bien, fue fácil encontrar un nombre: *Modelo Doing Good*.

El poder de transformación del Doing Good

Hacer el bien se convirtió, progresivamente, en mi mantra personal y he encontrado formas muy creativas de usar mis plataformas para avanzar en este concepto. Incluso inicié un evento anual para alentar a las personas a seguir este modelo, que ha crecido a pasos agigantados. En 2013, cientos de miles de personas, en más de cincuenta países, salieron a hacer una buena acción para el beneficio de otras en el Día Internacional de las Buenas Acciones (Good Deeds Day).

Pero este libro no trata del día de las buenas acciones. Aquí hablamos de un modelo de negocio basado en valores y que funciona. Hace años me dijeron sin rodeos que ninguna de mis grandes empresas podría ser sostenible y rentable al mismo tiempo. Me dijeron que no podía desarrollar una cultura de donaciones corporativas en un país donde ni siquiera existía tal cosa en la mente de la gente.

Incluso me dijeron, en más de una ocasión, que yo no pertenecía al mundo de los negocios. La gente me sugirió que me dedicara a «dirigir» mi familia y nada más. Pero ¿sabes qué? Casi treinta años después, estoy aún más convencida de mi propia visión. Tengo mucho que ofrecer al mundo y he tenido el privilegio de dirigir al equipo más increíble de ejecutivos y empleados, con visión de futuro, en mis empresas y organizaciones. Como colectivo, hemos llevado a estas compañías a unos niveles de éxito y prosperidad que ninguno de nosotros podría haber previsto cuando empezamos.

No digo esto por jactancia, sino porque quiero compartir la forma en que lo hicimos y demostrar que tú también puedes usar este mismo conjunto de valores para transformarte a ti mismo y a tu empresa u organización.

A mí me apasiona este modelo de negocio basado en los valores porque creo que funciona bien en compañías de cualquier tamaño, en cualquier país y en entidades con o sin ánimo de lucro. Creo firmemente que todo el mundo puede beneficiarse al adoptar un enfoque basado en valores positivos para su vida diaria y su vida laboral, ya sea como propietarios de una empresa, como miembros de la junta o como trabajadores en cualquier área. Confío en que tú también lo creas, una vez que aprendas más sobre el Modelo *Doing Good*.

Crear una cultura basada en dar

A lo largo de los años, cuando era una mujer adulta pero joven, trabajé en todos los departamentos de la compañía que mi padre había montado: Carnival Cruise Lines. Más tarde, colaboré en su junta directiva. Esto sentó las bases de mi experiencia empresarial. A petición de mi padre, monté y dirigí la fundación familiar en Miami, así que era natural que, cuando me mudé a Israel, continuara con mi trabajo filantrópico estableciendo una oficina allí.

Desde el principio, supe que tenía que hacer las cosas de forma diferente a como se hacen en Estados Unidos. Creé la Fundación Arison, que luego se llamó The Ted Arison Family Foundation. Introduje prácticas comerciales profesionales en nuestra organización filantrópica, algo que no era la corriente principal en ese momento. Nos enfocamos en donaciones que tendrían un gran impacto en la sociedad. Estas donaciones, que ahora llamamos «inversiones sociales», supusieron compromisos sustanciales en los campos de la salud, la educación, la investigación, etc.

Pude involucrarme totalmente en cada detalle, partiendo desde cero, en estos grandes proyectos filantrópicos. Algunos de los más emblemáticos incluyeron la construcción de un centro de investigación cerebral, un centro de atención médica primaria en Tel Aviv, una Escuela de Artes para los grados uno al nueve, la Escuela de Negocios Arison, un museo histórico y muchos más proyectos.

A pesar de que estaba creciendo personal y profesionalmente, todavía me preguntaba cuál era mi verdadera vocación. Siempre he sentido una fuerza creativa dentro de mí y siempre me he preocupado profundamente por el futuro de la humanidad. Mientras seguía buscando mi verdadero propósito, pude expresar mi creatividad en todos los proyectos en los que trabajé. Todos los espacios fueron creados para ser ambientes familiares respetuosos, bonitos y vanguardísticos.

También encabecé un movimiento dirigido a las donaciones empresariales en Israel porque creo firmemente que el mundo de los negocios tiene la responsabilidad de retribuir de algún modo a las comunidades en las que opera. Éste es un valor con el que crecí. Me inspiré en un modelo de donación que había visto en Estados Unidos, así que exporté dichos conceptos y prácticas a Israel, por lo que pude crear una organización llamada Matan (United Way Israelí). Hoy en día, prácticamente todas las empresas de Israel participan en donaciones corporativas, lo que demuestra que con visión y perseverancia se puede crear una nueva cultura, en este caso, la cultura de dar.

Transformación personal y en los negocios

Paralelamente a mi labor filantrópica, lancé y dirigí mi propio negocio. Luego, en 1999, tras heredar un gran imperio, me lancé a la siguiente etapa de mi viaje. Entonces me encontré ante un grupo diverso de empresas que tuve que liderar y administrar de algún modo, junto con mi propio negocio que involucraba la restauración. En ese momento, Arison Investments era dueño de un periódico, una empresa de electrónica y comunicaciones, y un proveedor de televisión vía satélite, junto con más de cincuenta empresas de alta tecnología y biotecnología. Después de un proceso de aprendizaje en relación a las compañías, y tras comprobar que no estaban alineadas con mi visión y que no podía aumentar su valor, las vendí todas. También vendí mi propio negocio de restaurantes para concentrarme en liderar las empresas en las que sentí que realmente podía añadir valor.

Las dos compañías en las que mantuve mi interés y seguí invirtiendo fueron Bank Hapoalim y una empresa de infraestructuras y bienes inmuebles llamada Shikun & Binui. Cada una de ellas tenía estructuras comerciales internas engorrosas, arcaicas y que no tenían mucho sentido en el entorno comercial en rápida evolución que podía prever.

Estaba claro que aquél era el momento de la transformación, pero cambiar estructuras tan profundamente arraigadas y las culturas corporativas no iba a ser fácil. Parecía que estas empresas no contaban con ninguna visión, a corto o largo plazo, y me propuse introducir mi propia visión y mi propósito. No sabía durante cuánto tiempo y cuán desafiante sería el proceso de transformación, ¡pero qué increíbles éxitos estamos viendo ahora en esos negocios!

Arison Investments siguió expandiéndose, comprando Salt Industries, que más tarde rebautizamos como Salt of the Earth. También fundé Miya, basado en mi visión de la abundancia, puesto que sabía que uno de los desafíos más importantes de nuestro futuro es garantizar el agua potable para todos.

Como verás en los próximos capítulos, nuestro grupo de empresas y organizaciones se ha expandido y transformado de una manera notable. De este proceso surgió un modelo de negocio basado en los valores, único e integral, aplicable y práctico para cualquier empresario que desee contribuir al crecimiento de sí mismo, de su organización y del mundo.

Capítulo 2

El Modelo *Doing Good*

Primeras lecciones del mundo de la banca

De una forma muy inesperada, en el momento en que daba mis primeros pasos en el mundo de la banca, fui nombrada miembro del Consejo de Administración de Bank Hapoalim. Sin embargo, cuando me incorporé a la junta ya poseía una amplia experiencia práctica gracias a que había trabajado en prácticamente todos los departamentos, dentro de una gran corporación internacional, así que sabía cómo funcionan realmente las organizaciones y las estructuras corporativas. Tenía años de experiencia, tanto con ánimo como sin ánimo de lucro, de modo que también entré con esa perspectiva.

Al final resultó que no era necesario que estuviera tan nerviosa en cuanto a mi propia capacidad de gestión financiera, porque una vez que comencé a asistir a las reuniones del banco descubrí, para mi sorpresa, que había bastantes miembros de la junta que también procedían de diferentes ámbitos comerciales.

Sin embargo, esto no pareció impedirles comentar, objetar y aceptar cosas en las que no estaban especializados. Sólo puedo imaginar cómo se sintieron los directivos cuando tuvieron que tomar la dirección de personas de la junta que no pertenecían al sector, en comparación con los equipos de gestión que habían trabajado para el banco durante diez,

15

veinte o treinta años. Era preciso propiciar un diálogo basado en el conocimiento compartido y la comprensión productiva.

Sentí que no podría expresarme hasta que aprendiera todo lo relacionado con el mundo de la banca. Tomé clases privadas con personas en las que confiaba, fui a cada uno de los departamentos para reunirme con gerentes y empleados con el fin de conocer la verdadera naturaleza del negocio. Constantemente me refería al léxico financiero y a todo tipo de material hasta que me sentí cómoda con todos los términos. Sólo después de un año empecé a decir lo que pensaba en las reuniones de la junta.

Pasé años aportando a la junta mi propia manera de pensar, involucrándome con la marca, cuidando al cliente, cuidando la visión y beneficiando a la comunidad. Al mirar atrás, en esos primeros años de mi carrera, puedo ver cómo ha contribuido en gran manera a mi comprensión del proceso que conlleva crear una transformación real en una gran organización.

Lo bueno de obtener experiencia en el campo de la banca es que aporta una visión global de la economía.

Hoy día ya no formo parte de ninguna de las juntas subsidiarias, aunque, en tanto que propietaria del Grupo Arison, acudo a los Consejos de Administración de nuestras entidades privadas, tanto en los negocios como en la filantropía: en otras palabras, Arison Investments y The Ted Arison Famliy Foundation.

Pasión por nuestro futuro colectivo

Soy una eterna aprendiz y aprendo mediante la experiencia. Forma parte de mi naturaleza esforzarme siempre por mejorar, personal y profesionalmente, buscando formas de contribución con el mundo que me rodea. Creo que, cuando una compañía u organización es impulsada sólo por los resultados financieros, no puede alcanzar su máximo potencial. Existe una perspectiva más amplia y pienso que debemos asumir una cierta responsabilidad personal para mejorar nuestro futuro colectivo, como lo hacen nuestras empresas y organizaciones.

Por eso, desde que tengo memoria de ello, he estado creando una visión tras otra, tanto para mi vida personal como para cada entidad, en todas mis propiedades. Inculqué mis visiones a todas mis organizaciones filantrópicas y, por el lado de los negocios, elegí directores que formaran parte de las diferentes juntas y que se preocuparan tanto como yo de la visión y los valores, al mismo tiempo que buscaban la obtención de beneficios. Con el liderazgo de mi equipo, inspiramos a las diferentes unidades de negocio para que adoptaran las visiones que yo creé. Por supuesto, éste fue un proceso mucho más fácil de implantar en nuestras compañías privadas que en las empresas públicas, donde la comprensión y el proceso duró muchos, pero muchos años.

Un día, tras años de trabajo, me desperté y me di cuenta de que todas estas visiones separadas formaban una especie de modelo. Como lo consideré, cada valor es un bloque de construcción, pero juntos forman un edificio. Al entender que cada una de estas entidades ahora tenía una visión, y cada visión se traducía en un valor, obtuvimos diez de los trece valores que componen el Modelo *Doing Good*.

Por ejemplo, uno de los valores es el Financial Freedom (libertad financiera), que proviene de la banca. El valor de la sostenibilidad procede de la visión de nuestra compañía de bienes raíces e infraestructuras, y el valor de Inner Peace (paz interior) surgió de nuestra organización filantrópica, Essence of Life. Algunos de estos valores son más fáciles de entender que otros. Algunos son más prácticos y otros, más espirituales. Como sentía que el modelo no estaba completo, agregué los últimos tres valores: estar, pureza y plenitud.

¿Cómo se entienden estos valores tan rimbombantes y se convierten en un modelo eficaz, comprensible y práctico? ¿Cómo se toman estos valores y se transforman en un modelo beneficioso para los individuos y para los colectivos, ya sea una pequeña o gran empresa, una organización filantrópica o incluso un país?

Transformación a través de la colaboración

Cuando asumí el control de Arison Investments, traté de sacar lo mejor de estas compañías, respetando lo que ya existía y trabajando con ello. Pero, tras siete años, me di cuenta de que si quería alinearme con mi propia brújula moral tendría que hacer algunos cambios tan importantes como audaces. Esto implicaba atraer a gente nueva, expandir la participación de mis propiedades, dejar el pasado atrás y proceder de manera que me asegurase que podría inculcar mis visiones y valores, al tiempo que mantenía la estabilidad y el crecimiento continuo y la rentabilidad.

Todo esto puede sonar fácil, pero estaba muy lejos de serlo. Inspirar la transformación de estas empresas «a la antigua usanza» fue un largo proceso, hasta lograr que todos participaran. Después de años trabajando en la visión individual de cada una de nuestras empresas y organizaciones, llegó el momento de reunirlas a todas. Solicité una reunión con todos los presidentes y directores generales para analizar la posibilidad de juntar todas las visiones y valores a fin de crear un modelo global para todo el grupo.

Hay que tener en cuenta que reunir a todos significaba llevar a cabo una reunión de los representantes del banco, la compañía de bienes raíces e infraestructuras, la compañía de sal, la compañía de agua, la fundación familiar, la fundación de voluntarios y la fundación espiritual. ¡Menudo grupo!

Ahora éramos un grupo de personas con trayectorias profesionales tan diversas y objetivos muy diferentes sentadas juntas, con puntos de vista extremadamente diversos, y deseando que coincidieran en el significado de estos valores, hasta en la última palabra. La primera reunión fue un desastre. Todo el mundo gritaba y berreaba, nadie estaba de acuerdo, no había forma de entenderse, ¿cuál sería el punto de encuentro?

Incluso, después de esa primera reunión, recibí dos llamadas telefónicas en las que se me dijo que la cosa no iba a funcionar de ningún modo. Tal vez debería crear este modelo por mi cuenta, al igual que hacía hecho con todas las visiones en el pasado. Estas llamadas fueron hechas por el presidente de Arison Investments, Efrat Peled, y el presidente de todas nuestras organizaciones filantrópicas, que resulta ser mi propio hijo, Jason Arison.

Les expliqué a ambos que éste era un nuevo mundo de colaboración y creía firmemente que, sin importar cuánto tiempo nos llevaría, juntos llegaríamos a un punto en el que todos estuviéramos en paz con nuestra visión colectiva.

Mi hijo me dijo: «Mamá, si continúas con esto, o cedes tú misma o tendrán que ceder los demás». Pero me mantuve firme en mi creencia de que todo el mundo debe poner de su parte, así, cada cual se saldría con la suya y juntos encontraríamos la forma de crear algo en lo que estuviéramos de acuerdo.

Encontrar el camino

Este proceso supuso un año entero de trabajo. Durante el mismo, nos enfrentamos a muchos desafíos: la simple programación de una serie de reuniones con todos los directores generales y presidentes resultó ser harto difícil. También se produjeron cambios en la dirección, ya que algunas personas dejaron sus puestos y vinieron otras nuevas. Tuvimos varios facilitadores en diferentes momentos durante el proceso. Algunos participantes entendieron el mensaje y otros, no. Sin embargo, al final del año, todos estábamos alineados con trece valores escritos que definimos juntos hasta la última palabra. Sabía que podíamos lograr un «todos salimos ganando» y lo hicimos.

Hoy me doy cuenta de que los valores en el modelo son un punto de partida para establecer conversaciones y para la implementación. Aunque estoy presentando estos trece valores, cada uno de ellos propicia que la gente crezca y haga cosas positivas, por eso son, en mi opinión, toda una bendición.

Después del proceso de un año, entendimos que era importante que cada entidad asumiera la responsabilidad de la implementación. Una cosa es definir los valores, pero otra muy diferente es implementarlos de manera práctica para que lleguen a todos los empleados. Por ello, iniciamos otra serie de reuniones. Después de la reunión, tratamos de determinar formas prácticas de implementación, pero la frustración fue mayor y llegamos a un callejón sin salida. En ese momento, Efrat se acercó a mí y me dijo: «Permítanme a mí y a Jason encontrar el camino». Las soluciones que hallaron fueron bastante sorprendentes, tanto dentro de la empresa como en el ámbito académico. Eso es lo que abordaremos en el próximo capítulo: el desafío de la implementación y cómo lo superamos.

Capítulo 3

Los foros

Encontrar un punto de partida

Puedo decir que me pareció mentira tener, por fin, una definición para cada uno de los trece valores, palabras en las que todos estuvimos de acuerdo. Había llevado un año llegar a ese punto y ahora era el momento de comenzar el proceso de dar cabida a dichos valores y conseguir que cada una de las empresas se comprometiera con su implementación.

Nuestros principales líderes corporativos trataron de resolverlo, pero no pasó mucho tiempo antes de que nos diéramos cuenta de que estábamos en un callejón sin salida. Íbamos de reunión en reunión y las cosas no avanzaban en absoluto. Estaba bastante claro que estas reuniones eran una pérdida de un valioso tiempo, porque los presidentes y directores generales no parecían encontrar el modo de convertir las definiciones de estos valores en un plan de implementación práctico.

Fue entonces cuando Efrat y Jason idearon una solución brillante, que aún usamos hoy, que consiste en una serie de foros enfocados en ciertos valores para avanzar. Ambos decidieron comenzar con los cuatro valores con los que todo el mundo podría estar más de acuerdo y entender: dar, ser voluntario, sostenibilidad y libertad financiera. Éstos fueron los cuatro valores que ya estaban arraigando en las empresas y organizaciones de Arison Group.

Por ejemplo, algunas de nuestras empresas ya eran firmes partidarias corporativas de las comunidades en las que operamos. Muchos empleados se ofrecían como voluntarios. La sostenibilidad fue un valor que se vivía y respiraba dentro de Shikun & Binui, nuestra infraestructura y compañía de bienes raíces, que asume proyectos de construcción a gran escala en todo el mundo. La libertad financiera se había convertido en la visión del Banco Hapoalim.

Como presidente de nuestras organizaciones filantrópicas, era natural que Jason encabezara el foro que se centró en dar y voluntariado. Del mismo modo, desde que Efrat fue presidente y Ceo de Arison Investments, ella era la persona perfecta para dirigir el foro que trataba sobre la libertad financiera y la sostenibilidad.

Empleados para el cambio

Los foros se anunciaron y se solicitó a los empleados de cada entidad dar un paso adelante si sentían que deseaban participar. Debido a que dicho concepto de foros era completamente nuevo, nadie sabía realmente lo que sucedería, pero algunos empleados apasionados dieron un paso adelante y aceptaron el desafío.

Los dos foros iniciales comenzaron con, más o menos, siete empleados cada uno. Hubo un representante de cada uno de los principales negocios y organizaciones dentro del Grupo Arison. Ésta fue la primera vez que todas las empresas y organizaciones filantrópicas se unieron. En cada uno de los dos foros, los participantes de los grupos pequeños se sentaron juntos, y muchas personas se conocieron por primera vez. Todas hablaron sobre lo que los valores significaban para ellos y cómo pensaban que, en general, podrían implementarlos en términos prácticos dentro del Grupo Arison.

No participé en los foros; sin embargo, me actualizo regularmente. Me mostré firme en que, aunque estuve de acuerdo en comenzar con cuatro de los valores, era importante que se implementara todo el modelo completo, con sus trece valores, y que debíamos encontrar el camino. Todo el mundo entendió que era imperativo hacer que cada valor fuera práctico, comprensible, simple y tangible.

Gracias a mi experiencia, sabía muy bien que la «teoría» no transforma nada. Tienes que traducir la visión y los valores en términos prácticos. La única forma de crear un cambio real es involucrar a las personas y hacer que se muevan para que verdaderamente puedan integrar ideas nuevas.

Debido a que los representantes en los foros ya contaban con el respaldo de los diversos presidentes y directores generales, luego se les encomendó la tarea de regresar a sus respectivas compañías u organizaciones y aplicar lo acordado en los foros. La implementación se llevó a cabo mediante la planificación de diversas actividades y proyectos que respaldaban la esencia del valor, lo que haría que éste cobrara vida dentro del negocio u organización. Por ejemplo, se acordó que todos los empleados en general recibirían formación sobre sostenibilidad y se impartirían talleres de libertad financiera. También se acordó que todas las empresas y organizaciones se unirían en el Good Deeds Day. Y, por supuesto, se van implementando constantemente muchas más ideas.

Cuando todo esto se puso en marcha, resultó increíble. Dentro de los foros, los empleados pudieron expresar su voz, marcar la diferencia, ser creativos y participar en el panorama general. Los foros también reunieron a las empresas en su conjunto con un objetivo común. Cada una pasó de ser una entidad separada a convertirse en un «nosotros» colectivo, algo que había deseado durante mucho tiempo.

A medida que cada miembro de los foros compartía sus ideas, desafíos y éxitos, todos los demás iban aprendiendo y compartiendo también sus experiencias. En unas pocas reuniones, los miembros del grupo presentaron soluciones creativas y, al poco tiempo, celebraron e hicieron partícipe a todo el mundo de los éxitos que estaban experimentando. Incluso se impartieron un par de conferencias *Doing Good* para que todos pudieran estar al día de lo que estaba sucediendo. ¡Hasta yo estaba asombrada!

Con tantas cosas, no pasó mucho tiempo antes de que más y más personas comenzaran a escuchar hablar de los foros, y el número de asistentes siguió aumentando. Los foros aún funcionan, se convocan trimestralmente, pero cuando el número de empleados fue aumentando hasta llegar a más de sesenta o setenta personas en cada uno, decidimos dividir los foros, con un número de dos a cuatro foros, para mantenerlos vigentes y accesibles a todos los empleados. También hemos comenzado a introducir otros nuevos que ahora están avanzando en otros valores dentro del Modelo *Doing Good*.

Encuentro de mentes: negocios y mundo académico

Como nuestro objetivo es mantener los trece valores vivos y respirando en todas las áreas de las empresas y organizaciones, y no encontramos una manera práctica de implementarlos de una sola vez, necesitábamos ayuda. Fue entonces cuando decidimos recurrir al mundo académico. Mi equipo en el Grupo Arison encontró la combinación correcta de socios académicos que podrían ayudarnos a traducir nuestro modelo en un taller integrado que presentaría todos los valores completos.

Nos pusimos en contacto con un grupo de doctores y profesores apasionados, profesionales de las principales universidades estadounidenses, incluyendo Harvard, Thunderbird, George Mason y Babson College. Estas personas empezaron a investigar y a armar el plan de estudios mediante la colaboración constante con mi equipo en el Grupo Arison.

Luego, el equipo académico visitó nuestras instalaciones en Israel para ver por sí mismos lo que se estaba haciendo, y nos sorprendió el entusiasmo y los comentarios que hicieron. Nunca habían visto algo parecido. Sabían de muchas otras empresas sostenibles en el mundo, por ejemplo, que ya trabajaban con algunos de los valores. Sin embargo, no habían visto una operación tan diversificada de compañías en campos tan diferentes, incluidas las organizaciones filantrópicas, que implementaban una gama tan amplia de valores.

Debo decir que el equipo académico es increíble. A través de su proceso de investigación y sus habilidades como educadores, sus miembros desarrollaron un taller piloto muy interesante que se llevó a cabo primero para los miembros de nuestros foros. Los empleados hicieron sus comentarios sobre lo que funcionaba y lo que no funcionaba, y lo que aprendieron sería implementado más adelante en sus respectivas compañías y organizaciones.

El equipo académico tuvo en cuenta los comentarios de los participantes y reelaboró el taller, lo redefinió y lo presentó nuevamente, esta vez a los presidentes y directores generales. Participé en ese taller y me conmovió profundamente ver que, por primera vez, incluso los escépticos estaban convencidos. El siguiente paso fue partir del nuevo taller para involucrar al siguiente nivel, incluidos los diferentes Consejos de Administración y equipos de gestión.

El taller del Modelo *Doing Good*, como lo llamamos, ofrece a los participantes una experiencia única para que puedan comprobar cómo los valores impactan individualmente y en el mundo de los negocios y la filantropía. He visto personas que han cambiado. Los profesores usan estudios de casos de negocios de estilo académico, actividades interactivas, vídeos cortos y sesiones grupales para mantener la atención de todo el mundo y ayudar realmente a los participantes a integrarse y comprender la función transformadora que tienen los valores. Como próximo paso lógico hemos organizado, junto con nuestros socios, un curso de formación de capacitadores para llevar la experiencia del taller a más y más niveles en nuestras organizaciones.

La cátedra dotada de Doing Good

Asimismo, invertí en una cátedra dotada en la Universidad George Mason en Virginia, para avanzar en la investigación del liderazgo basado en los valores. La investigación que se está realizando se ha enfocado con mucha amplitud. Comenzó analizando la historia de los valores corporativos y cómo éstos se manifiestan dentro de la empresa individual, la organización y la sociedad en general. El mandato de investigación también incluye determinar la mejor forma de enseñar los valores para que se puedan plantear las preguntas correctas o los estudios concretos con el fin de que los estudiantes de negocios piensen al respecto.

El profesor de dicha cátedra también está desarrollando ejercicios prácticos en clase para que los estudiantes puedan entender cómo se aplican varios valores a las situaciones de trabajo del mundo real. Este enfoque del adiestramiento en los valores contrasta enormemente con lo que se aprendía hace años, cuando los valores y la ética se enseñaban casi exclusivamente desde un punto de vista teórico en las escuelas de negocios.

Ha sido sorprendente comprobar lo bien que encaja esta línea de investigación y exploración dentro del curso de ciudadanía global y otros cursos avanzados de capacitación de liderazgo, que se han desarrollado y que se están impartiendo en George Mason. En estos cursos se anima a los estudiantes a clasificar sus propios valores y aclarar el significado que les otorgan. De esta manera, la capacitación en valores en las universidades se convierte en un medio para lograr un fin, y los licenciados pueden usar su propia brújula moral como una herramienta práctica para la toma de decisiones sobre una base cotidiana y práctica.

La investigación y el material que se están desarrollando son muy importantes para las empresas de la sociedad actual, pues se intenta que éstas se preocupen por los individuos y el planeta, tanto como por las ganancias. Creo que la manera de lograrlo es a través del liderazgo basado en los valores y las empresas que los implementen.

Un conjunto amplio y universal de valores

Se dice que el Modelo *Doing Good* adopta un enfoque mucho más integral de los valores corporativos porque se desarrolló en varios campos diferentes y en un abanico de organizaciones sin ánimo de lucro. Con la ayuda del equipo académico, podemos imaginar diversas formas en las que el Modelo *Doing Good* podría implementarse prácticamente en cualquier sitio.

El hecho de implementarlo de una forma tan amplia nos inspira para que algún día podamos contribuir a resolver desafíos sociales y ambientales complejos aún mayores, en nuestro mundo actual.

Para enfrentar realmente estos problemas, es imperativo que todos los niveles de negocios y la sociedad cooperen en pos del bien común. Cada parte de la sociedad aporta su propia visión a la mesa. El sector empresarial, por ejemplo, contribuye con innovación, capacidad e ideas, y las empresas cuentan con los recursos para su implementación. Las organizaciones sin ánimo de lucro aportan conocimiento especializado, credibilidad y redes de personas que trabajarán apasionadamente para lograr que se produzca el cambio. Creo que si encontramos la manera de que las personas, los gobiernos, las empresas y las organizaciones sin ánimo de lucro trabajen juntos, podríamos crear un buen futuro para todos.

Expandiendo los círculos

Como resultado de los talleres del Modelo *Doing Good*, nuestros gerentes y empleados están empezando, realmente, a contemplar un panorama más amplio. Primero trabajaron con los primeros cuatro valores a través de actividades que surgieron en los foros, pero ahora la emoción se está extendiendo rápidamente, y cada vez son más los empleados que quieren involucrarse con los nueve valores restantes dentro del modelo, sobre todo los que hablan con el corazón en la mano. Es ahora cuando escucho, diariamente, historias sobre empleados, en todos los niveles de las organizaciones, que están considerando valores adicionales y dándoles vida. El foro para Vitality surgió en la sede central de Arison Group porque la salud y el bienestar son temas muy importantes para casi todo el mundo en la actualidad. El valor del lenguaje y la comunicación fue iniciado por nuestra compañía Salt of the Earth porque su equipo directivo quería centrar todos los esfuerzos para mejorar las comunicaciones internas entre sus miembros.

Ha habido un notable interés por parte de personas ajenas a nuestras empresas, incluidas algunas que han trabajado para nosotros en el pasado y que han continuado implementando los valores en sus nuevos lugares de trabajo. Este alto nivel de interés externo nos ha llevado a la conclusión de que nuestro foro All One, que pronto comenzará, estará formado por empleados internos y miembros externos.

Los valores de *Doing Good* se encuentran ya en la mayoría de las mentes y los corazones de quienes representan nuestra fuerza de trabajo. Es increíble la cantidad de conversaciones sobre los valores que aparecen junto con ideas creativas sobre cómo implementarlas. Por ejemplo, recientemente asistí a una reunión de nuestra empresa de infraestructuras en la que presentaban su revisión anual y sus planes estratégicos para los próximos años.

Todo el equipo de gestión habló en función de un valor. En un momento determinado, el gerente se puso de pie y centró su estrategia en relación con la abundancia, la sostenibilidad, la paz interior, etc. ¡Yo estaba sorprendida y profundamente conmovida! Fue fascinante ver cómo todas aquellas personas tomaron la iniciativa para integrar los valores en todas sus actividades y objetivos comerciales.

Además, el presidente me dijo que han profundizado en los planes estratégicos con mucho éxito, en todos los niveles de la empresa, sin dejar de utilizar el marco de los valores. Este enfoque conectó aún más a los miembros del equipo de gestión con el modelo y fue bien recibido por todos.

Incluso fuera de la empresa, cuando hablamos con grupos externos, con el fin de compartir nuestro enfoque, comprobamos que también parecen interesados en aprender más sobre nuestro modelo basado en valores. De hecho, recientemente hablé con un grupo de docentes de secundaria en una de sus sesiones de desarrollo profesional. Éstos eran profesores de psicología y economía, se mostraban interesados y querían recibir más información sobre cómo podrían implementar el Modelo de *Doing Good* en el sistema educativo.

A pesar de que esta visión me nació del alma, son muchas las personas que se han comprometido con ella; trabajando duro, se han convertido en ejemplos vivos y han crecido los círculos de cambio positivo. Estoy profundamente agradecida a todos los directores, los gerentes, los empleados, las universidades y las personas que se unieron a mí para llevar a cabo una verdadera transformación dentro de nuestros negocios, organizaciones y la sociedad en general.

Aunque hemos llegado muy lejos, realmente, el crecimiento y la expansión nunca se detienen. Dentro de nuestros muchos planes futuribles, estamos desarrollando un programa de capacitación online con el fin de compartir el Modelo *Doing Good* y hacerlo universalmente accesible.

Ahora que ya tenemos algunas ideas sobre cómo implementar el modelo, permíteme compartir con más detalle cada uno de los valores individuales, comenzando por la libertad financiera.

SEGUNDA PARTE

ACTIVA TU BONDAD
A TRAVÉS
DE LA PROSPERIDAD
INDIVIDUAL

Capítulo 4

Libertad financiera

ᕙᕗ

LIBERTAD FINANCIERA

La libertad (y el deseo) de elegir se basa en la responsabilidad y la comprensión del marco de habilidades y las posibilidades económicas en un momento dado.

ᕙᕗ

El conocimiento y las herramientas para tomar las decisiones correctas.

Cuando el valor de la libertad financiera se impuso en mi cabeza, salió de lo más profundo de mi interior. Ésta no era una expresión que hubiera escuchado antes, pero desde que desarrollé el Modelo *Doing Good*, me he dado cuenta de que la «libertad financiera» se ha convertido en una frase bastante común en Norteamérica.

Esta visión me llegó porque siempre estoy buscando nuevas formas para crear cambios positivos. En este caso, durante años he estado contemplando mi participación mayoritaria en el Bank Hapoalim. ¿Qué podría hacer yo para revalorizar el mundo de las finanzas? A pesar de que había logrado inculcar bastantes valores positivos en el banco, cuando lo dirigía, sentí que se necesitaba mucho más para poder marcar una diferencia real en las acciones del banco y la forma en que se perciben las mismas.

Siempre me ha molestado formar parte de algo que la gente, en general, parece odiar tanto. Soy consciente de que algunas personas tienen buenas razones para desconfiar u odiar a los bancos, como el hecho de haber perdido sus casas, automóviles o negocios, a causa de los embargos, por ejemplo. Siempre he sentido empatía por las personas que están hasta el cuello de préstamos que no pueden pagar. Personalmente, no quería formar parte de eso, pero tenía un banco. Seguí dándole vueltas a la cabeza para descubrir cómo podía cambiar este panorama. Entonces se me ocurrió la idea: podríamos hacerlo creando «libertad financiera». Aquélla fue la respuesta perfecta a mi pregunta candente: ¿qué podría hacer de bueno una institución financiera por las personas, sus empleados y sus clientes? La respuesta fue la siguiente: educarlos sobre cómo crear libertad financiera para ellos.

Y eso es lo que nos propusimos hacer: encontrar la forma de dotar a todos de una conciencia, una educación y las herramientas necesarias para tomar las decisiones más acertadas. Nuestro objetivo era ayudar a las personas a comprender mejor sus finanzas, sus cheques de pago y sus gastos reales, mostrarles formas para conseguir un equilibrio de manera más eficiente para que puedan generar su propio crecimiento y prosperidad.

Libertad financiera para todo el mundo

La libertad financiera es un valor que no sólo es aplicable a los individuos. Los conceptos funcionan de la misma manera para las familias, las empresas y las organizaciones sin ánimo de lucro. Cualquier persona o grupo con inquietudes financieras puede beneficiarse de las herramientas que nosotros, como institución financiera, hemos desarrollado para ayudar a todo el mundo a ser responsables y a llevar a cabo los cambios necesarios. Entendemos que la responsabilidad recae tanto en la institución financiera como en sus empleados y en el cliente mismo; todos tienen una parte de responsabilidad en la creación de soluciones positivas para problemas complejos.

Nuestro enfoque de la libertad financiera ofrece una manera precisa de lidiar con las finanzas, que ha demostrado funcionar en prácticamente todos los niveles de la vida, ya sea personal o empresarial. Funciona porque, cuando eres consciente, responsable y educado en relación a lo que posees, puedes utilizar los recursos que tienes a tu disposición con mayor eficacia, ya sean modestos o abundantes. Una vez se conoce y comprende la propia situación financiera, se pueden tomar decisiones correctas que nos conduzcan a una vida próspera, viviendo siempre en el marco de lo que se tiene verdaderamente.

Todos podemos ver la situación en que se encuentran individuos, empresas e incluso países que no han actuado de manera responsable a nivel financiero. El resultado y los efectos de sus acciones se extienden y tienen un alcance mucho mayor. Lamentablemente, dichos efectos pueden generar impactos negativos. Pero la vida de una persona y su negocio no tienen por qué seguir ese camino, y nosotros hemos desarrollado este valor para ilustrar una vía preferible. La buena noticia es que con información, educación y herramientas adecuadas todo el mundo puede alcanzar su propia libertad financiera.

Cambiar de mentalidad

Así, una vez que lo hube comprendido, creí que esta visión podría ser beneficiosa para todos. Sería capaz de mantenerme fiel a mis valores personales, mientras que, al mismo tiempo, el banco podría ayudar a las personas. Pero el sentimiento general que imperaba en la sociedad sobre los bancos seguía siendo profundamente negativo. Sabía que las personas por lo general tienden a culpar a su banco cuando les suceden cosas malas en el ámbito financiero. Supongo que es más fácil eso que comprobar que han sido sus propias decisiones las que determinaron sus pérdidas.

También sabía, por experiencia, que las personas no tienden a mirar a los bancos de la misma manera en que ven otros productos o servicios minoristas a los que acceden. Me asombraba la idea de que el margen de beneficio en ropa o calzado, por ejemplo, puede ser del 100-300 por 100 o más y, sin embargo, la gente sigue comprando dichos artículos sin pensar ni por un momento en el costo real de producción y entrega. Sin embargo, cuando se trata de pagarle a un banco por los servicios que brinda, la gente no quiere pagar nada.

En definitiva, teníamos que superar grandes desafíos si queríamos cambiar el pensamiento de la gente al respecto, tanto dentro del propio banco como en las mentes de nuestros empleados y clientes. Quería que todos se beneficiaran al mismo tiempo.

Pero ¿cómo cambiar unos puntos de vista tan arraigados? Sentí que la única forma consistía en llevar a cabo una transformación real y ayudar a las personas a darse cuenta de que todos estamos juntos en esto. Necesitamos una aproximación que nos lleve como una asociación en la que ambas partes asuman su responsabilidad; necesitábamos crear un sentimiento que expresara la idea de que «todos salimos ganando» tanto para los clientes como para el banco, con el fin de que todos pudiéramos prosperar.

Así surgió mi idea de introducir el valor de la libertad financiera. Mi equipo de Administración en Arison Investments alentó al banco con mi visión, y el banco actuó al respecto al encontrar formas de traducir la visión en educación práctica, herramientas y acciones para sus empleados y sus clientes. Cuando las personas tienen una mejor comprensión de las finanzas, pueden tomar las mejores decisiones para ellas o sus negocios.

Crear libertad financiera

Me enorgullece decir que mi equipo en Arison Investments, especialmente mi presidente y mi Ceo (director ejecutivo), se mostraron totalmente de acuerdo conmigo en este punto y, dado que también son miembros del Consejo de Administración del banco, pudieron inculcar el mismo entusiasmo y la comprensión de cuán importante es realmente este punto de vista. Uno de los mayores desafíos en el banco fue traducir el término «libertad financiera» de forma que fuera comprensible y accesible, dotado de herramientas para la acción. Implementar este concepto dentro de una cultura organizativa tan conservadora no fue un proceso fácil y requirió el compromiso de todos los niveles operativos.

Ha sido sorprendente el hecho de conocer la cantidad de herramientas financieras que el banco ha creado para ayudar tanto a los empleados como a los clientes. Al ver el crecimiento y el éxito, incluida una red de educación online con herramientas avanzadas de Internet, se ha dado acceso a personas de todas las edades para aprender a administrar de forma independiente sus presupuestos personales y familiares.

Desde entonces, el banco ha ampliado estas herramientas y sesiones de capacitación online para incluir más soluciones financieras, según sean las necesidades de la gente, para cada etapa de la vida, centrándose sobre todo en los principales hitos. El banco ahora tiene herramientas para escolares que reciben becas por primera vez, y para adultos jóvenes que están empezando en sus carreras. A medida que se establecen, compran una casa, crean una familia y planean la educación de sus hijos o su propia jubilación, el banco les brinda herramientas y capacitación para ayudarlos a lo largo del camino.

Como próximo paso lógico, el banco también dio a conocer un nuevo servicio de planificación financiera personal que sirve como un importante paso adelante en la búsqueda de la independencia financiera. Todavía más recientemente, ha habido una increíble adopción de aplicaciones de planificación financiera, fáciles de descargar y de usar en situaciones cotidianas.

Una adición nostálgica a la nueva marca del banco ha sido el relanzamiento de un personaje de dibujos animados que muchos adultos en Israel conocían y amaban desde niños: se trata de un personaje de los setenta y ochenta llamado «Savings Dan». Dan ha demostrado ser un recuerdo importante para los padres y un personaje divertido y lúdico para una nueva generación de niños, el cual les enseña los beneficios de ahorrar dinero para su futuro.

Otro enfoque clave para el banco ha sido apoyar a las pequeñas empresas, tanto si son nuestros clientes como si no lo son, mediante la creación de la iniciativa de pequeñas empresas, llevando a cabo eventos y programas de gran éxito, incluido la declaración del Día de la Pequeña Empresa a escala nacional. Más de 35.000 PIMES participaron el año pasado, lo cual contribuyó al conocimiento de las propias empresas, y sus ventas totales aumentaron un 17 por 100 ese día.

Al mismo tiempo, el banco continúa profundizando en su compromiso con la comunidad, hasta el punto de que, en tanto que líder en la economía israelí, se ha convertido en uno de los mayores donantes del país y una fuente importante de voluntarios para los no donantes u organizaciones de lucro. La red de sucursales les brinda una forma de llegar a prácticamente todas las partes del país.

Las sucursales llevan a cabo actividades locales de dos maneras principalmente. La primera consiste en contribuir de forma corporativa a causas que valgan la pena, y la segunda consiste en alentar y apoyar activamente a los empleados en relación al voluntariado. En concreto, el banco tiende a apoyar proyectos en los que puede integrar las actividades de educación financiera en sus donaciones, ayudando a las organizaciones sin ánimo de lucro y a los miembros de la comunidad a mantenerse financieramente fuertes para que puedan continuar con su trabajo.

Desde su posición actual de liderazgo, el banco puede hacer una gran contribución en la creación de la libertad financiera. Ha pasado casi una década de progreso constante desde que expliqué por primera vez el concepto de «libertad financiera», y ahora escucho un sinfín de historias sobre el impacto personal que se está produciendo, no sólo en el banco. Nosotros, en Arison Group, hemos implementado este valor en todos los ámbitos de nuestras empresas y organizaciones filantrópicas.

La libertad financiera en acción: preparados para la jubilación

Una de las historias que siempre me ha conmovido mucho es la historia de Ilana. Ella ha estado trabajando en la empresa durante muchos años y, de hecho, es la empleada con mayor antigüedad en nuestras oficinas principales. Se mantiene a sí misma y está a punto de jubilarse. A lo largo de los años, Ilana desempeñó diferentes roles dentro de nuestras organizaciones filantrópicas y, en los últimos tiempos, ha sido gerente de operaciones para el Grupo Arison, apoyando tanto el lado empresarial como el filantrópico.

Por lo general, no suelo asistir a los foros; sin embargo, en una ocasión me invitaron a una determinada reunión porque los miembros del foro querían ponerme al día sobre lo que hacían todos los negocios y organizaciones filantrópicas para implementar los primeros cuatro valores, a saber, libertad financiera, sostenibilidad, dar y voluntariado.

Resultó increíble para mí ver y escuchar todo lo que se había hecho, pero me conmoví en gran manera cuando Ilana hizo gala de su espontaneidad y me preguntó si podía compartir lo que la libertad financiera le había hecho a ella personalmente.

«Cualquiera que me conozca sabe cuánta energía tengo, cómo me gusta comprobar cada producto que lanzamos cuatro veces, obtener cinco presupuestos de precios y afilar lápices en ambos extremos para ahorrar dinero para el grupo –comenzó diciendo–. ¡Pero para mí, para mis propias finanzas, no sé nada! Sé que esto costará de creer. He mantenido mis documentos personales prolijos y ordenados en carpetas durante treinta años, documentos relativos a seguros y demás, pero si me hubiesen preguntado qué contenían todos aquellos papeles, no habría podido decirlo. Realmente no lo sabía».

En esos momentos, Ilana tenía toda nuestra atención. Hablaba muy apasionadamente.

«Luego vine al taller de libertad financiera –dijo–. Comencé a recibir pagos del Instituto Nacional de Seguros debido a mi edad, así que dejé esos fondos a un lado. Pero con respecto a mis propios seguros e inversiones, después de asistir al taller, me di cuenta de que, en realidad, no tenía ni idea de en qué estado se hallaban mis asuntos personales y sabía que debía investigarlo. Al día siguiente, concerté una reunión con el consultor, el mismo que impartió una conferencia en el taller de libertad financiera –continuó diciendo Ilana–. Le llevé todo aquel montón, unos diez kilos de papel. Lo revisó todo y yo salí de la reunión con una sola carpeta de plástico que contenía diez páginas, sabiendo exactamente lo que había en cada una de ellas».

Percibí su entusiasmo mientras ella continuaba explicando lo importante que era saber lo que tenía realmente y cómo podría asegurar mejor su futuro financiero.

«Aprendí a diferenciar entre un vendedor de seguros para una empresa en particular y un consultor independiente que habla con franqueza y me permite saber qué es lo mejor para mí –dijo–. Aprendí que se pueden negociar mejores tasas de comisión, costos de gestión, y que hay una gran variedad de cuestiones a considerar, sobre todo para mi grupo de edad, qué es lo más arriesgado y lo menos. Ahora estoy segura de que dentro de cinco años, cuando quiera jubilarme, todo estará en su lugar, porque me pude documentar y educar financieramente –dijo Ilana–. No creo que lo hubiera conseguido por mi cuenta. Ahora he realizado muchos cambios fundamentales en los fondos que tengo, incluida la transferencia de una cantidad sustancial de dinero a una empresa diferente que me ayude verdaderamente a administrarlo bien. Al fin de cuentas, éste es el dinero del que tendré que vivir. Animo a las personas más jóvenes a que se sienten a estudiar sus finanzas, y que consigan el tiempo para implementar los cambios que funcionarán mejor a largo plazo», continuó diciendo.

En ese momento, Ilana se volvió hacia mí, me miró directamente a los ojos, y dijo: –«¡Gracias!».

Mientras escuchaba con atención, supe que su testimonio me había conmovido profundamente y también a todos los asistentes. Me alegró el hecho de que el mensaje y las herramientas relacionadas con la libertad financiera tuvieran tal impacto. Asimismo, me sorprendió ver que la idea que yo tenía y su implementación continua habían impactado profundamente en un ser humano y marcado una diferencia tan notable en su vida.

El impacto de la libertad financiera

Hay muchas otras historias como las de Ilana. Quisiera ahora hablar sobre el resultado obtenido por los talleres de libertad financiera celebrados en Salt of the Earth. Gracias a dichos talleres, se alentó a los empleados y sus cónyuges a asistir y aprender habilidades de gestión financiera para ayudarlos con sus vidas y objetivos personales.

Las declaraciones que recibimos después de impartir el taller fueron personales y conmovedoras. Un operador de carretillas elevadoras nos comenta:

«Mis ojos se abrieron tras el taller de libertad financiera, y ya desde la primera reunión, se produjo un cambio evidente y muy notable: supe cómo administrar mis asuntos económicos y tomar decisiones financieras bien calculadas y más informadas. Después de acudir al taller, me di cuenta de que muchas cosas dependen exclusivamente de mí. Decidí comprometer a mi familia y a mí mismo para este propósito. Todos unimos fuerzas y seguimos el manual del taller».

Una esposa y su marido compartieron su perspectiva de esta manera:

«Nuestras experiencias anteriores con las finanzas incluían muchas disputas. Este taller me abrió los ojos. Nos deshicimos de nuestra cuenta corriente. Hoy tenemos una cuenta de ahorro y todo está bajo control».

Uno de nuestros soldadores en la planta de sal dijo:

«Ahora veo que fui un gran derrochador. He cambiado drásticamente. ¿Por qué no habré pensado en todo esto antes?».

Cuando escucho este tipo de historias de primera mano, me conmueve el impacto y me doy cuenta de que el valor de la libertad financiera ha transformado la vida de muchas personas en el mundo. Estos cambios han ocurrido no sólo en el banco y en nuestras otras compañías, sino que los círculos también se han expandido a través de los empleados, sus cónyuges y clientes por igual. Cuando escucho cómo la gente habla acerca de cómo han cambiado sus vidas, veo lo sinceramente agradecidos que están. Todo comenzó con una visión de un nuevo enfoque para el negocio bancario, hace ahora casi diez años. Necesité años de perseverancia y

mucha paciencia para encontrar a las personas adecuadas con profesionalidad y suficiente corazón para implementar mis ideas. Estoy agradecida
por el liderazgo de tantas personas que trabajan en nuestras empresas
para mantener el rumbo y continuar avanzando e implementando esta
increíble visión. No es fácil llevar a cabo un cambio tan fundamental en
una corporación enorme, y es un proceso continuo, pero estoy encantada
de que nadie se haya dado por vencido, y cada día que pasa observo más
impacto entre los trabajadores y una mayor comprensión de los valores.

Ahora, me gustaría mostrar cómo la libertad financiera va más allá del
individuo, e impregna todos los aspectos de nuestros negocios y organizaciones.

La libertad financiera en acción: desde el personal a la organización

Durante años, he pensado en cómo aprovechar los préstamos de mis negocios sin dejar de crecer. He observado que las personas y las empresas
de todo el mundo se han endeudado en exceso, asumiendo demasiadas
deudas, y también he visto lo que ocurre cuando las deudas no se pueden
pagar. El impago de las deudas causa un efecto dominó en el que las personas pierden sus puestos de trabajo, los proveedores van a la quiebra y
todo el mundo sufre duras consecuencias económicas.

En 2013, las inversiones de Arison acabaron con un largo proceso de
negociación para financiar una megatransacción por varios cientos de millones de dólares. Este complejo acuerdo se hizo teniendo en cuenta mis
deseos, en tanto que propietaria, al ver el panorama y asegurarme de que
podía moverme de forma rápida y eficiente a la vez que garantizaba un
crecimiento continuo.

Durante esa época se celebró un evento compartido por Arison Investments y los socios de financiación para conmemorar la finalización
de este acuerdo, que fue específicamente estructurado por mi equipo de
la manera que yo quería. En dicho evento, nuestro director ejecutivo y

nuestro director financiero pronunciaron discursos que se referían a la brújula moral basada en los valores que utilizamos. Para nosotros era importante que nuestros nuevos socios financieros entendieran realmente de dónde veníamos y, en este caso, cómo se interpretó y se aplicó nuestro valor de libertad financiera en el marco de esta negociación, mutuamente exitosa. Sentimos que al permanecer fieles a nuestros valores, creamos una asociación de beneficio mutuo.

Uno de los comentarios del director financiero fue:

«Cuando hablamos de libertad financiera, hablamos, simplemente, de la alineación entre los deseos y las capacidades. Desde nuestro punto de vista, éste es un valor existencial y la base de cualquier planificación o conducta financiera sabia. Estoy convencido de que cada uno de ustedes lo ha experimentado, ya sea a través de este préstamo, o la forma en que fue estructurado, el proceso de negociación, los temas que se presentaron y en los que se insistió, o simplemente como socios a largo plazo que miden nuestras operaciones con el tiempo. Un proceso como éste es intrigante y profundamente interesante, más aún si tenemos en cuenta que los tiempos que corren hoy en día son difíciles. Nos alegra el hecho de ser los depositarios de su confianza y, por otra parte, la fe que tiene en nosotros». El director continuó explicando cómo el equipo de Arison Group interpreta el valor de libertad financiera, que recordarás se define como «la libertad (y el deseo) para elegir, basado en la responsabilidad y la comprensión del marco de habilidades y posibilidades económicas en un momento dado».

Para nosotros, en el marco de una negociación, estas palabras significaron dos cosas muy importantes. Una era que sólo obtendríamos lo que necesitábamos en ese momento, y no más, a pesar de que había más dinero disponible y nos ofrecieron más, pero queríamos ser responsables y sabíamos que debíamos mantenernos dentro de nuestros límites. La segunda fue establecer un mecanismo flexible de reembolso y llegar a un acuerdo, desde el principio, en el que todos compartieran dicha flexibilidad, a pesar de que era aquél era un acuerdo bastante nuevo y complejo. Queríamos poder aprovechar este préstamo a largo plazo de manera flexible, una forma que sabíamos que tenía más sentido para nuestra compañía, dadas las realidades económicas que enfrentamos, y nuestras propias habilidades. El director financiero acabó su intervención añadiendo:

«Ahora saben que la motivación principal, la que logró que todos estemos aquí de celebración, está fundamentada en la profunda sensación de orgullo que tenemos por formar parte de un grupo que no sólo piensa en la libertad financiera, sino que la implementa practicando lo que predica».

Uno de los representantes de nuestros socios financieros se puso de pie y nos hizo partícipes de la idea de que ellos habían sentido en todo momento que habían sido tratados con toda justicia en el proceso de la negociación y en el acuerdo final que se firmó. Nos demostró que no sólo es posible que todos salgan ganando, sino que, de hecho, ésa es la única forma en que queremos hacer negocios, porque es la única manera de tener éxito a largo plazo.

A medida que continuamos con nuestra discusión, fuimos siguiendo el compás moral del Modelo *Doing Good*, pasando ahora de la libertad financiera a la pureza.

Capítulo 5

Pureza

❧

Pureza

Claridad de pensamiento, intenciones y actos.

❧

Deja que tu pensamiento te guíe

¿Alguna vez te has parado a pensar en tus pensamientos? Más específicamente ¿la naturaleza de tus pensamientos? Para entender y discutir este valor, me gustaría pedirte que te tomes un momento para ver en qué estás pensando y lo puros que pueden ser esos pensamientos.

Muchas organizaciones usan valores relacionados como la integridad, la transparencia y la ética. Estoy de acuerdo con ellas puesto que éstos son verdaderamente importantes. Dichos valores están relacionados con la pureza u honestidad, pero son sólo aspectos de ella. Tal como yo lo veo, la pureza tiene un valor mucho más alto, un valor exultante. Éste fue uno de los tres valores que se me ocurrió al completar el modelo y se ha definido como «la claridad de los pensamientos, las intenciones y las acciones».

Quizá te estés diciendo a ti mismo que «pureza» es una palabra un tanto extraña para incluirla en los valores corporativos, y si es así, no eres el único. También hubo personas en nuestro equipo que cuestionaron cómo podríamos implementar tal valor en una organización económica. Incluso antes de la implementación real, en las discusiones en curso sobre el valor de la pureza se empezaron a producir cambios increíbles, tanto en la mentalidad como en las acciones mensurables. Por eso, hablar de pureza en los negocios no es tan misterioso o intangible como parece.

En realidad, creo que si las personas se centran en sus pensamientos, intenciones y actos, pueden ver con sus propios ojos lo que es puro y lo que no lo es.

Pureza en las situaciones cotidianas

Los empresarios con una intención pura y honesta se preocupan por las personas y por el planeta, se esfuerzan por encontrar un equilibrio entre esa intención y su deseo de dirigir empresas rentables.

No se trata sólo de tener pensamientos puros. Piensa en la cantidad de comportamientos que pueden afectarte en tanto que ser humano. Por ejemplo, podrías preguntarte: «¿qué estoy metiendo en mi cuerpo?», «¿esto es bueno o malo para mí?», «¿qué estoy escuchando?», «¿es algo inspirador como la música o es un chisme vergonzante?». Creo que cuanto más enfocamos nuestras intenciones en ser puros, más pureza recibimos de nuestro entorno. Todo depende de nuestra propia elección.

Los empresarios, como las personas en general, deben observar sus acciones y elecciones para que la pureza se mantenga en un nivel alto. Por ejemplo, los empresarios pueden negociar un acuerdo comercial de buena fe y con buena intención. Sé que eso no es algo corriente hoy en día, en un mundo tan competitivo, sin embargo, si queremos ver un cambio, como dijo Gandhi, debemos ser el cambio.

¿Cómo conseguirlo? Tal como dice el valor, comenzamos con tener pensamientos e intenciones puras, seguido de la realización de acciones puras. Si esto te parece un desafío, te sugiero que te sientes solo o con tu equipo y elabores pautas para describir lo que consideras justo para ti y para tus empleados y, a un nivel externo, justo para tus clientes y el medio ambiente.

No hace tanto tiempo que un apretón de manos era la palabra de honor, pero ahora pocas personas llegarían a un acuerdo sin firmar un contrato por escrito que su abogado haya aprobado antes. Determina de antemano que deseas ser el tipo de empresario en quien los demás confíen y luego busca la pureza para cumplir con tus propios estándares.

Ser puros

Un aspecto a señalar acerca de la pureza es que hay diferentes niveles de pureza, y lo que podría ser puro para una persona podría no serlo para otra. Por ejemplo, una persona realmente estricta y directa puede ser alguien que siempre diga la verdad al tiempo que se muestra amable y afectuosa, pero también podría ser fumadora. En este caso, podría tener pureza de pensamientos e intenciones, pero el aire que está respirando no es puro para sus pulmones.

La buena noticia es que no hay que ser 100 por 100 puro durante todo el tiempo y en todo momento. De hecho, creo que sería imposible. Pero se puede empezar sólo pensando y hablando sobre la pureza. Una vez que se despierta la conciencia, a veces es suficiente para ser más puro y tener más claridad de pensamiento, intenciones y acciones.

Si bien en el pasado las empresas podían salirse con la suya con un mal comportamiento en nombre de la «competencia» y bajo la premisa de «ganar a toda costa», creo que las cosas han cambiado; las empresas exitosas de hoy se preocupan por su reputación y aumentan sus ganancias teniendo en cuenta la pureza. La gente se da cuenta de que quiere algo mejor. Se espera que las empresas actúen de una manera más responsable, más atenta, más humana y más transparente; se espera que se preocupen por las personas, el medio ambiente y la sociedad en general.

No esperes hasta que tengas que hacer frente a una crisis. En su lugar, establece tu estándar de pureza para tu negocio, tus productos y para ti mismo. Luego, anima a tus empleados a seguir tu ejemplo. Una vez que establezcas esta brújula moral, te guiará para tomar las mejores decisiones.

Siempre he tenido fe en que permanecer fiel a mis propios valores nos beneficiaría al mismo tiempo a mí y a mis compañías. Siempre me esfuerzo por ser lo más pura que pueda, en todos los niveles, y hasta ahora me ha ido bien. Espero conseguir lo mismo de mis equipos y líderes de compañías, y sé que todos se esfuerzan cada día para ser claros mentalmente, en sus intenciones y acciones, de modo que nuestras empresas han seguido mejorando. Te animo a tener fe en que la pureza dará frutos rentables. Creo firmemente que lo hará mientras tus intenciones y acciones sean auténticas.

La pureza en acción: Miya

Cuando fundé Miya, me basé en mi visión de la abundancia, ya que el agua potable es imprescindible para el futuro del género humano. El valor de pureza está alineado con el agua, ya que creo que cada ser humano merece tener un suministro abundante de agua potable pura. La pureza también es importante, desde mi punto de vista, para el desarrollo y éxito de Miya.

Si bien Miya era una empresa joven y estaba desarrollando su presencia en el mundo, participó en una licitación altamente compleja para un contrato de eficiencia de agua, y el cliente resultó ser el gobierno de un país. Miya debía competir con algunas de las mayores empresas globales en el mundo, en este campo, para este proyecto en concreto, y se reconoció dentro de la compañía que éste era un proyecto muy importante. Nos situaría en el mapa y representaría una gran victoria para nuestro recién desarrollado equipo. Pero, cuando el equipo técnico y los gerentes séniores analizaron la solicitud de la propuesta, tal como fue establecida en el proceso de licitación, nos quedó claro que la solución que se nos pedía no era viable. En realidad, había un enfoque mucho mejor que sabíamos que funcionaría, pero quedaba completamente al margen de los estrictos parámetros del proceso de licitación. Si no seguíamos ese enfoque detallado, podríamos ser descalificados sólo por ello.

Sin embargo, nuestro equipo de Administración de Miya tomó una decisión audaz para defender nuestro particular enfoque y no sólo para responder a los requisitos exigidos, tal como fueron escritos. Nuestro equipo ni siquiera se dio cuenta en ese momento, pero todos cuantos participaban en él estaban practicando la pureza porque sabían que el proyecto se podía hacer de una manera más eficiente y mejor, que sería mucho más rentable para el cliente y para nosotros mismos.

En ese asunto había mucho en juego y suponía un gran riesgo. Como es de suponer, nuestro equipo estaba preocupado por que no ganáramos el concurso. Sin embargo, los alenté a proceder con nuestros valores; tanto si ganábamos como si no, creía con toda seguridad que, defendiendo nuestro punto de vista, ganaríamos a largo plazo.

Nuestra oferta fue innovadora y representó una forma nueva de abordar este tipo de problema. Al final, el cliente decidió elegir a Miya porque habíamos presentado la mejor oferta, la más veraz y, creo, la más pura.

Los beneficios de esta pureza fueron muy variados. En primer lugar, ganar la licitación le dio a la joven compañía un voto de confianza muy necesario y una manera de hacerse un lugar en una industria tan competitiva. También le demostró que se pueden hacer negocios y, aun así, mantener los valores.

Liderando de esta manera, el equipo de Miya descubrió que, cuando comenzaron el trabajo de campo, los trabajadores de la compañía fueron recibidos con confianza y respeto.

El enfoque de cuidado que implementamos agregó un gran valor, tanto en la vida de las personas como en la rentabilidad. Nuestro enfoque liderado por pensamientos, intenciones y acciones puras ha hecho que Miya sea una compañía del todo clara, alineada y profesional, que demuestra al mundo que puede hacer negocios mientras cuida de nuestro recurso más valioso, el agua, y que facilita dicho recurso a la humanidad.

La pureza en acción: zapatos Toms

Otro ejemplo inspirador de pureza del que me enteré es la historia de Blake Mycoskie. Él es el fundador y Chief Shoe Giver de una compañía llamada Toms. Blake es también la persona que impulsa la idea de «One for One», que se ha convertido en un movimiento global. Blake decidió que por cada par de zapatos que fabricara y vendiera su compañía, donaría un par a una persona necesitada. Su compañía ha entregado más de dos millones de pares de zapatos nuevos a niños necesitados desde que comenzó la iniciativa en 2006.

Como tantas otras iniciativas, Toms comenzó su negocio y a llevar a cabo sus buenas obras desde la más absoluta humildad. En 2006, Blake viajaba por Argentina y se dio cuenta de lo difícil que era para muchos niños crecer sin zapatos. En su mente, la solución fue simple. Creó un negocio de fabricación de calzado, con ánimo de lucro pero del todo sostenible, al tiempo que estableció una política de donaciones de la misma cantidad de pares de zapatos vendidos.

Aquél resultó ser un modelo tan exitoso que Blake vio que tal vez podrían satisfacerse otras necesidades vitales utilizando su modelo «One for One». Así, desarrolló la idea de Toms Eyewear, en la que por cada par de gafas vendidas, Toms ayudaría a mejorar la visión de una persona necesitada, aplicando el modelo «One for One».

Conocí a Blake en un breve encuentro en Sudáfrica durante una reunión de líderes empresariales globales en la que yo participaba, The B Team. Blake aquel día hizo una breve presentación para compartir su historia, y me quedé maravillada al oír sus palabras. Está claro que su iniciativa está inspirando a personas de todo el mundo, pero especialmente a los jóvenes, porque quiere ayudarlos a mejorar el mañana viviendo su pasión todos los días.

Creo que todo comienza con pureza y claridad dentro de uno mismo, tanto en los pensamientos como en las intenciones y acciones de uno.

La pureza en acción: una forma creativa de mensajería

Nunca se sabe cuándo se va a ver a la pureza en acción. Hace poco vi un episodio de una serie de televisión estadounidense titulada *Brothers & Sisters* (ABC Studios).

Me emocioné particularmente con un episodio titulado «Y llegaron las equivocaciones», en el que una de las actrices principales, Calista Flockhart, interpretaba a Kitty Walker, reportera y copresentadora de un programa de noticias. Kitty quería salvar a su hermano Justin de ser reclutado nuevamente por las Fuerzas Armadas estadounidenses y enviado de vuelta al extranjero para luchar en la guerra, esta vez en Irak.

Kitty se entrevistó con un senador y no le preguntó nada sobre su reciente divorcio, que era el escándalo de moda. Esperaba que si le hacía el favor de no tocar ese espinoso tema, él se lo devolvería, y así encontraría la manera de ayudar a su hermano.

Al darse cuenta de que había comprometido seriamente sus valores morales y su papel como reportera, se disculpó en la televisión, en directo, por su estratagema, diciendo que el senador había mantenido su integridad, mientras que ella no lo hizo. Pensó que la despedirían, pero sucedió todo lo contrario: le ofrecieron conducir un programa de televisión debido al aumento de la audiencia.

El copresentador de Kitty estaba a su lado, diciendo que abandonaría el programa si la despedían (él no sabía nada sobre el nuevo proyecto que le habían ofrecido a su compañera y que, de aceptar ella, lo dejaría sin trabajo). En lugar de aceptar la oferta exclusiva, Kitty animó a la cadena de televisión a ofrecer un nuevo programa a su compañero, que se lo merecía todavía más, y abandonó la cadena.

Lo que más me gustó de este episodio fue que el personaje de Kitty era puro en sus intenciones, pensamientos y acciones, puesto que dijo la verdad en directo y estaba decidida a abandonar el programa. No me refiero a la serie en sí misma ni a cualquier otro tema planteado en ella; sin embargo, me conmovió este episodio en concreto porque mostró, en mi opinión, el valor de la pureza. Cuando las corporaciones de los medios quieren marcar la diferencia, pueden ser creativas al posicionarse teniendo en cuenta los valores. Pueden exhibir valores en situaciones de la vida real, retratándolos de una manera agradable para el público.

Cuando las personas ven programas como éste, reflexionan al respecto. Dichos programas muestran los dilemas morales cotidianos a la vez que las soluciones positivas y creativas. Esto inspira a las personas a echar una mirada profunda en su interior. Creo que las diversas formas de entretenimiento pueden tener un mensaje real y propiciar un cambio. Así, hemos comprobado que muchas películas y producciones de televisión hacen justamente eso. Otro gran ejemplo es la película de años atrás titulada *Pay It Forward*.

Contar con una brújula moral, en mi opinión, es esencial en nuestra vida cotidiana, con nuestras familias y dentro de las empresas y organizaciones de las que formamos parte. En el Grupo Arison entendemos que guiarse por el Modelo *Doing Good* (nuestra brújula moral) es un proceso gradual. Y con eso, pasamos a continuación de la pureza al siguiente valor: estar.

Capítulo 6

Estar

ↄ

Estar

*Existencia armoniosa con todos los elementos
que forman el todo.*

ↄ

«Estar» en estado de serenidad

Cuando hablamos del concepto de «estar» en relación con el individuo, sólo nos referimos al aquí y ahora, este preciso momento. Aunque el valor de estar se refiere a muchos niveles, lo que estoy haciendo bien en este momento es todo mi mundo. Mientras me siento aquí y escribo estas palabras, creo este libro; si me permito estar aquí y ahora, realmente, puedo disfrutar de lo que estoy haciendo.

Pero muchas veces tendemos a perder el momento porque, simplemente, no nos permitimos «estar». Como humanos, muchos de nosotros estamos condicionados a pensar siempre en el pasado o en preocuparnos por el futuro, tanto que, a menudo, nos perdemos por completo el momento presente, el aquí y el ahora. Perdemos nuestra vida real.

Estar más presente se consigue con conciencia, voluntad y práctica, centrándose en los pensamientos en el momento presente. ¿Cuáles son tus sentimientos y cuál es tu intención? Si quieres disfrutar el momento, debes dejar de lado lo que pueda estar interfiriendo, ya sean pensamientos o sentimientos, y elegir estar aquí y ahora.

Hay muchas maneras de alcanzar la serenidad y estar en el momento presente, pero lo que funciona para una persona puede no funcionar para otra. Cada individuo tiene que encontrar su propio camino, de la manera que mejor se adapte a él. Yo no puedo sugerir el camino correcto, aunque hay muchos libros y prácticas. Sólo estoy aquí para decir que es posible.

Con mentalización y un poco de práctica, encontrarás lo que funcione para ti, para ayudarte a centrarte más, a acercarte más a tu propio ser con el fin de que vivas plenamente en el presente. Estar en el presente es realmente un regalo, un regalo para ti.

«Estar» en el lugar de trabajo

Muchas veces sucede que las personas no saben cómo vivir en el aquí y ahora. El mundo se mueve demasiado rápido y los cambios son vertiginosos. Las empresas que no son lo suficientemente flexibles como para lidiar con el momento presente pueden encontrarse con un gran desafío. Aunque todas las empresas tienen que crear estrategias a largo plazo para tener éxito, al mismo tiempo, tienen que vivir y trabajar en el momento presente. La clave del éxito consiste en estar siempre a la vanguardia y listo para ser flexible día a día, en cada situación.

Puedo compartir contigo un ejemplo simple de un día cualquiera en la vida de un hombre de negocios. En mi propio grupo empresarial, hace poco, a varios excelentes empleados, procedentes de diferentes equipos de Administración, les ofrecieron ocupar puestos en otras empresas e incluso en el gobierno, y aceptaron. Lógicamente sabía que si contábamos con una fuerza de trabajo tan buena, buscarían a nuestra gente; sin embargo, la forma en que otras organizaciones atraen a los trabajadores a sus nóminas, en un abrir y cerrar de ojos, no casa con mi ética y me molesta bastante. Decidí, entonces, descartar ese proceder porque, en realidad, ese tema es secundario para el tipo de gente que tenemos en nuestro grupo, personas muy profesionales y conectadas en todo momento con los valores. Aunque fue un duro golpe ver cómo esos profesionales se iban de nuestra empresa, decidimos mirar las cosas con una luz positiva, sabiendo que se llevaban con ellos lo que habían aprendido con nosotros. Ahora podrían aprovechar esa profesionalidad y el conocimiento de los valores para inculcarlos de una manera práctica en sus futuras empresas, y transmitirlo en otros círculos más allá de nuestro grupo. ¡Era algo fantástico!

Eso también nos dio la oportunidad de hacer crecer a más personas desde dentro, al dirigirlas hacia la gestión. Tuvimos que actuar rápidamente, ya que fue del todo inesperado que nuestros empleados se fueran a otras empresas, pero lo consideramos como parte de nuestro futuro.

Curiosamente, esta experiencia me atrajo hacia mí misma, al momento preciso, por lo que comprendí que lo que debía hacer era respirar hondo, ver la realidad y aprovecharla al máximo. Como sabía que hay una razón para todo, podría desearles a los empleados que se fueron lo mejor.

El cambio es una constante; es algo inherente a la vida y, por lo tanto, un resultado natural en los negocios. Aceptar este hecho nos ayuda a estar en el momento presente y crecer. Estar no es algo estático, sino dinámico. El objetivo es estar en el momento, comprendiendo que la totalidad y el ser están en constante transformación. Al ser flexibles e ir con la corriente, podemos enfrentar las situaciones de una manera positiva.

Investigación sobre la atención plena

Había oído hablar sobre la atención plena *(Mindfulness)* en varios lugares, incluidas universidades y empresas, tanto en Estados Unidos como en Israel. Pero no fue hasta que tuve una reunión con una investigadora de una universidad de Israel que me interesé más sobre el tema. Me dijo que muchos de los conocimientos de los que he estado hablando durante años, a través de la Esencia de la Vida (una organización espiritual que he fundado) están siendo demostrados por los investigadores a partir de estudios que se están llevando a cabo sobre el cerebro. Sorprendida por sus comentarios, quise saber más respecto a su campo de investigación.

La doctora Nava Levit-Binnun es directora del Centro Sagol de Neurociencia Aplicada en IDC (Centro Interdisciplinario) en Israel y el centro Muda para la atención, la ciencia y la sociedad. Me explicó que este tipo de entrenamiento con prácticas meditativas se derivaba de la tradición budista, y que el entrenamiento en la atención plena se hizo popular gracias al investigador estadounidense Jon Kabat-Zinn mediante su programa Mindfulness-Based Stress Reduction (MBSR o reducción del estrés basado en la serenidad).

La doctora Nava me dijo también que la atención plena es la forma de meditación más investigada, y que algunos autores la consideran como un estado mental, mientras que otros tienden a verla como un conjunto específico de habilidades y técnicas. Su equipo recurre a la investigación científica mundial sobre la atención plena, incluido el trabajo del doctor Kabat-Zinn.

La atención plena se puede definir como una práctica intencional en la que una persona acepta y utiliza un enfoque sin prejuicios de su propia atención en las emociones, pensamientos y sensaciones que están ocurriendo en el momento presente. Desde que me encontré con Nava, me he interesado cada vez más en la atención plena y en la forma en que ésta se está implementando en todo el mundo y en círculos muy diversos, incluidos los negocios. Mi emoción deriva del hecho de tener profundas creencias espirituales en las que, si cada individuo —comenzando por mí misma— se conectara con su propia esencia, juntos, en tanto que colectivo, crearíamos un mundo mejor.

Conectarse a uno mismo

La meditación, o como yo lo llamo, la introspección, es una forma de conectarse con uno mismo. Para mí es inspirador saber que la atención plena ha sido investigada y probada. Siento que es considerablemente importante que cada uno de nosotros sea consciente de su mundo interior, y la atención plena ayuda a conseguirlo.

La atención plena rompe barreras ofreciendo a las personas un camino para la conexión interna que les habla en términos científicos prácticos.

Partiendo de dicho conocimiento, organicé un taller que sería impartido por el equipo de la universidad destinado a mis gerentes principales, tanto de Arison Investments como de The Ted Arison Family Foundation. Había personas que meditaban diariamente, personas que nunca habían meditado, algunos que podían sentarse tranquilos y otros que permanecían nerviosos en sus asientos. Algunos tenían una visión espiritual de la vida y otros creían sólo en lo que se puede demostrar científicamente. Lo increíble fue que todos se beneficiaron del taller. Incluso los «no creyentes» que tuvieron dificultades para participar sacaron provecho. Ambos equipos de gestión decidieron, por unanimidad, introducir el valor de la atención plena entre todos los empleados que quisieran participar.

Pero no todo fue sencillo. Uno de los desafíos que la gente señalaba acerca de su propia experiencia fue que resultaba difícil apagar móviles y demás dispositivos durante las sesiones. Aunque al final todo el mundo apagó el móvil, a la mayoría de las personas en la sociedad actual les resulta muy incómodo dejarlo de lado, aunque sea por unas pocas horas.

Por cierto, hablando de estar, ¿no es interesante ver que a algunas personas les cuesta toda una vida estar en silencio, estar en el presente? Creo que todos debemos pensar en ello. La atención plena no sólo reduce el estrés, sino que la práctica sostenida de cada día ayuda a desarrollar otros niveles de conciencia y bienestar personal.

Con el tiempo, a través de la experiencia personal y las discusiones con otras personas que participaron en el taller de gestión, aprendí una lección importante. Aunque el taller fue increíblemente beneficioso, y lo recomiendo tanto para individuos como para empresas, la clave del éxito y el bienestar personal es que cada persona asuma la responsabilidad de practicar todos los días.

Practicar la atención plena

La atención plena te entrena para poder cambiar de un estado ocupado basado en «hacer» a un estado sereno basado en «ser». Esto no significa que debamos detener nuestra vida. Seguimos revisando nuestro correo electrónico, conduciendo, cocinando y trabajando, pero de una manera consciente y no sólo reaccionando como si llevásemos el piloto automático frente al mundo que nos rodea. Cuando practicamos mantener la atención plena, también aprendemos a enfocar nuestra atención en lo que sucede en el momento presente, sin prejuicios.

Con la práctica, podemos aprender a ser conscientes de nuestros sentimientos, emociones, sensaciones y pensamientos en todo momento, en lugar de simplemente reaccionar de una forma automática a los estímulos que nos rodean.

Se ha comprobado que la práctica de la atención plena brinda a las personas la posibilidad de contar con un espacio de tiempo importante entre estímulo y reacción, para considerar lo que no queremos y centrarnos en lo que realmente queremos.

Por lo visto, se ha demostrado que la atención plena también activa las redes de compasión en el cerebro. Cuando las personas acallan sus mentes y se enfocan en el momento presente sin juzgar, comienzan a notar similitudes entre ellas y los demás. Comienzan a desarrollar un mayor nivel de conexión entre ellas y los que les rodean. Considero que ésta es una «ganancia para todos».

Existencia armoniosa en los negocios

Hay varias maneras de contemplar el valor de «estar» en el entorno laboral. En el Modelo *Doing Good*, definimos este valor como «la existencia armoniosa con todos los elementos que forman el todo», y me gustaría señalar cómo aplicamos este valor a las relaciones entre nuestros accionistas, equipos de gestión y sindicatos.

Primero, quiero decir que estoy muy orgullosa de nuestras relaciones con los sindicatos. Creo que ésta es una forma excepcional de ver el resultado de un enfoque basado en los valores y cómo éste se implementa en el lugar de trabajo. Es sorprendente ver las relaciones humanas tan positivas en los campos de las finanzas, los bienes raíces y las infraestructuras, la energía renovable, el agua y la sal.

En todo el Grupo Arison, hay más de una docena de sindicatos, algunos de ellos muy grandes, con miles de empleados. En el mundo de la industria, generalmente existe una inquietud natural entre los representantes sindicales y la gerencia, porque los sindicatos quieren lo mejor para sus trabajadores, y desde siempre se ha pensado que la Administración pone más énfasis en la productividad y la rentabilidad.

Una base de confianza y respeto

El cuidado de las personas y el mundo en el que vivimos es el núcleo de nuestro Modelo *Doing Good*. Los equipos de gestión en las distintas empresas, tanto públicas como privadas, han tenido éxito a lo largo de los años en la construcción de relaciones positivas y productivas con los sindicatos. Todo se reduce a haber creado conscientemente una base de confianza y respeto. Esta confianza y respeto se da en ambos sentidos, desde la dirección hasta la unión y desde la unión hasta los equipos de gestión.

Una de las principales formas de crear confianza, y mantenerla, es involucrar a los representantes sindicales en todas las decisiones que afectan a la fuerza laboral, y hacerlo antes de que se tomen las decisiones finales. Por supuesto, hay diferentes perspectivas, y las cosas no siempre encajan por completo, pero creo que tener una política de puertas abiertas y escuchar verdaderamente las inquietudes y solicitudes de los trabajadores permite mantener una relación productiva.

Uno de mis presidentes dijo recientemente: «No todas las decisiones que tomamos en la compañía van a ser innovadoras, pero se deben tratar todas las decisiones, incluso las pequeñas, con cuidado, porque nunca se sabe cómo aceptará la mano de obra ciertas iniciativas». Un caso puntual que sucedió recientemente en las oficinas principales de nuestra infraestructura y compañía de bienes raíces nos servirá de ejemplo. Había espacio suficiente en las nuevas instalaciones y mucho interés en crear una sala de gimnasia donde los empleados pudieran entrenar antes o después de las horas de trabajo. Aquélla parecía una iniciativa positiva, a mucha gente le gustó la idea, y hubiera sido fácil aprobarla y ponerla en práctica.

Pero la gerencia consideró que, como siempre, deberían hablar primero con el sindicato antes de tomar esta decisión para ver si sería bien recibida por los empleados en general. La mayoría de ellos no trabajan en las instalaciones de la oficina principal, sino en el campo, en grandes obras de construcción, en países de todo el mundo. Muchos proyectos se están desarrollando en condiciones de trabajo muy diversas, en las que les sería imposible tener un gimnasio.

Cuando se consultó al sindicato sobre la posibilidad de agregar un gimnasio a las oficinas principales, los representantes sindicales opinaron que los empleados en general considerarían el gimnasio como un beneficio especial para los gerentes al que la mayoría, es decir, los trabajadores de campo, no tendrían acceso. La decisión final se tomó con su aporte y con la imparcialidad en mente: el proyecto del gimnasio no se llevaría a cabo por lo menos en ese momento.

Algo parecido pasó con la idea de añadir una nueva cafetería a las oficinas para lo que se consultó al sindicato. Se plantearon preocupaciones similares: los trabajadores de campo no deberían ser tratados de manera diferente, por lo que los planes de la cafetería no se aprobaron hasta que se determinó que todo el personal de campo que trabaja en proyectos de construcción tendría derecho a un almuerzo organizado. Una vez que eso fue confirmado, la nueva cafetería fue aprobada y añadida para el beneficio de los trabajadores en las oficinas principales de la compañía.

El presidente continuó explicando que, dado que Shikun & Binui están formados por tantos sindicatos, todos deben trabajar juntos en todas partes. Es fundamental que la comunicación sea abierta, respetuosa y fiable, de lo contrario, el trabajo productivo no se llevaría a cabo, así de simple. Creo que todo se reduce a tener siempre en cuenta a los sindicatos, para que sepan que realmente nos importan. Para mí, el éxito de la compañía, de todas mis compañías, se basa en gran medida en la existencia armoniosa de todos sus componentes.

«Estar» en el Hotel Mandarín Oriental

A veces, las decisiones simples dentro de una empresa pueden marcar una gran diferencia para los clientes. Me encanta cuando veo algo que me habla o me hace sonreír. En uno de mis viajes el año pasado, recibí un gesto muy agradable procedente de una de las cadenas hoteleras en las que me estaba hospedando.

Lo que ocurrió es que llegué de un largo vuelo en mitad de la noche al Hotel Mandarín Oriental en Nueva York y encontré un mensaje de paz y tranquilidad que habían dejado en una tarjeta impresa, en mi almohada, lo que me inspiró a tomarme un momento para mí y vivir ese instante.

Durante mi estancia, descubrí que había una serie de inspiradoras tarjetas con mensaje. Cada uno tenía su propia frase corta, y las palabras: «En reconocimiento a nuestra herencia oriental, estamos encantados de compartir con ustedes los caracteres chinos y las prácticas inspiradas en el zen».

Había siete tarjetas en total, cada una con un mensaje diferente, cada una dedicada a un día diferente de la semana: Domingo-Energía; Lunes-Relajación; Martes-Prosperidad; Miércoles-Claridad; Jueves-Meditación; Viernes-Equilibrio; Sábado-Serenidad.

Me puse contentísima al ver que otras empresas promovían los mismos valores que nosotros. Siempre he sostenido que si queremos ver un mundo bueno, un mundo positivo, cada uno de nosotros debe hacer su parte. Intento aportar mi granito de arena en todo lo que hago, y para mí es inspirador cuando veo que otros hacen lo mismo.

La tarjeta con el mensaje que recibí a mi llegada tras un largo vuelo me animó a vivir el momento, y con paz interior, así me quedé dormida. Después de una buena noche de sueño, me levanté fresca para asistir a las reuniones de la mañana. Esto me lleva a nuestro próximo capítulo, que profundiza en el valor de la paz interior.

Capítulo 7

Paz interior

❧

Paz interior

Proceso interno, personal, continuo y constante que nos transporta a un lugar tranquilo, equilibrado y sereno, en nuestro interior.

❧

Encontrar la serenidad interior

La paz interior es un estado de tranquilidad con uno mismo y con la suficiente conciencia y comprensión para mantenerse centrado frente al estrés, la discordia o cualquier desafío que la vida pueda presentarnos en el camino. La paz interior es considerada por muchos como un estado de conciencia o iluminación, una especie de euforia, pero creo que es simplemente el resultado de conocerse a uno mismo. La paz interior se produce cuando estamos en paz con todas nuestras «partes», algunas de las cuales podemos ver y otras no. Cuando piensas en ti mismo, probablemente sólo visualizas tu cuerpo físico, pero hay otras capas que componen tu ser total. Por ejemplo, cada uno de nosotros tenemos nuestra genética única, procesos mentales, sistemas de creencias, emociones, sentimientos y sentidos.

Así, todas estas partes, tanto si somos conscientes como inconscientes de ellas, están conectadas a un campo energético que se expresa dentro de nosotros, a nuestro alrededor, y se extiende más allá de nuestros cuerpos físicos hacia el mundo. Por lo tanto, la cuestión de quiénes somos y cómo reaccionamos también está conectada a lo que absorbemos y sentimos a través de nuestros sentidos e intuición, incluso la red vibratoria que nos rodea. Todo forma un sistema asombroso.

De este modo, la forma de encontrar la paz interior es ver, y luego aceptar, todas las partes de nosotros mismos, reconocer que todas nuestras partes son legítimas, y que existe una razón para que existan. Entiendo que el motivo sirve para que podamos aprender, crecer y expandirnos como individuos y como humanidad colectiva. Nuestras partes están ahí para ser reconocidas y aceptadas, y luego uno puede elegir lo que quiere para sí mismo. ¿Cómo quieres sentirte? ¿Cómo quieres que sea tu proceso de pensamiento? ¿En qué te afecta? ¿Qué tipo de persona quieres ser? Una vez que uno se conoce a sí mismo, ha reconocido todas sus partes y las ha aceptado, puede dejar de lado lo que no es adecuado o lo que ya no necesita.

Por supuesto, reconozco que cada uno de nosotros tiene aspectos propios que desearíamos cambiar. Pero primero tenemos que vernos como realmente somos y aprender a aceptar todas nuestras capas. Eso significa no juzgarte a ti mismo, no decir que algunas partes son buenas y otras malas, sino tratar de ver cada aspecto de ti mismo por lo que es y elegir lo que quieres y adónde quieres llegar. Es importante entender que, cuando nos juzgamos a nosotros mismos, y a los demás, la reflexión ajena que recibimos también es un juicio.

En esencia, todo lo que vemos fuera de nosotros mismos es un espejo de lo que sentimos internamente. Si nos despertamos temerosos cada día, por ejemplo, dibujaremos eventos inquietantes y personas desagradables en nuestra esfera. Pero si nos despertamos sincronizados en todos los aspectos de nosotros mismos, sintiéndonos positivos acerca del día y asumiendo que tendremos un día productivo y feliz, atraeremos más experiencias e individuos positivos.

Por eso creo que todo lo que entra en nuestras vidas aparece con el único propósito de enseñarnos lecciones específicas para que podamos crecer y expandirnos. Mientras que algunas de las cosas que nos suceden pueden parecer muy intensas cuando están sucediendo, si entendemos la lección de vida que están tratando de enseñarnos, podemos transformarnos y, de esa manera, transformar nuestras experiencias.

Encontrar la paz en el trabajo

Así las cosas, ¿cómo podemos entender la paz interior en un negocio u organización? En otras palabras ¿cómo puedes crear un lugar tranquilo, equilibrado y sereno para trabajar? No es tan difícil como podrías pensar.

De hecho, puedes usar el mismo proceso de comprensión y relación contigo mismo, relacionándote y comprendiendo a todos los que te rodean.

De la misma manera que cada ser humano está compuesto de diversas partes diferentes, también lo es cada individuo en tanto que parte integral de un todo más grande dentro de un negocio o una organización. Sólo cuando se llega a conocerse a uno mismo en el lugar de trabajo y respetarse, puede llegar a conocer, aceptar y respetar a cada persona con la que trabaja. A medida que crecen y se expanden sus relaciones laborales, simplemente, se sigue haciendo más de lo mismo porque funciona y se descarta lo que no es productivo dentro del lugar de trabajo. De esta forma, poco a poco, tu propio sentido de paz interior y bienestar impregnará a los demás, y el lugar de trabajo en sí será más pacífico y armonioso.

No puedes cambiar a nadie. No puedes hacer que nadie esté en paz consigo mismo. La buena noticia es que puedes dar ejemplo. Una de las mejores maneras de hacer que quienes te rodean participen en un viaje colectivo hacia la paz interior es que modelen la paz dentro de sí mismos, con aceptación y respeto, primero para ti y luego para los que te rodean.

Essence of Life

Siempre he creído que para lograr la paz en el mundo, cada uno de nosotros debe lograr la paz dentro de sí mismo y del entorno. Con esta visión en mente, establecí la organización filantrópica Essence of Life (Esencia de Vida).

Essence of Life ha evolucionado enormemente a través de los años, como lo ha hecho nuestra conciencia colectiva. De hecho, una de las misiones de Essence of Life, al principio, fue aumentar la conciencia colectiva, y es sorprendente ver lo lejos que ha llegado el mundo. Recuerdo que, al principio, cuando hablaba de paz interna, la gente se reía de mí, se mostraban cínicos y no podían entender este concepto tan simple.

Por lo general, se tiende a pensar que la paz interior es algo de lo que los gobiernos de los países no tienen por qué encargarse. Es importante entender que si las personas, todas y cada una de ellas, están en paz consigo mismas, los círculos crecerán y, al ir añadiendo cada vez más individuos al colectivo, se conseguirá paz en toda la tierra. Ésta será una paz real, no una paz de negociaciones o contratos que luego se puede romper, sino una paz auténtica y verdadera que proviene del núcleo interno de uno mismo.

Lo que hicimos en Essence of Life para traducir esta visión de una manera pragmática fue impartir talleres con herramientas para conseguir la paz interior. Durante mucho tiempo, tuvimos un espectáculo infantil que vieron miles de niños, en el que se les enseñaba el valor de la paz interior de una manera amena y entretenida. Los narradores de cuentos fueron a las escuelas para enseñarles a los niños, por medio de un cuento, cómo calmarse a sí mismos a través de la meditación, de una manera sencilla y fácil. Creamos programas escolares que mostraban a los niños la forma de conectarse consigo mismos y ser conscientes de sus sentimientos y actos.

Hoy en día, Essence of Life comparte principalmente los valores de paz interior a través de nuestro centro interactivo de visitantes en Israel, para niños padres y maestros. También tenemos una emisora de radio (que emite sólo en hebreo, en este momento) que ofrece una perspectiva diferente sobre todos los asuntos relacionados con los diferentes ámbitos de la vida. Al entender los problemas como herramientas de mejora, creamos dentro de nosotros el tipo de futuro al que aspiramos. Nuestro centro también promueve la paz interior a través de la elección de música y presentando formas prácticas en las que los oyentes pueden esforzarse más por conseguir su propia paz interior.

Asimismo, tenemos una web que se actualiza constantemente para que esté alineada con la conciencia general. En la actualidad creo que, a pesar de que la mayoría de las personas no saben cómo alcanzar la paz interior, sí entienden el concepto y hay mucha gente capaz de ponerse en el camino correcto.

Essence of Life fue la motivación subyacente de la paz interior en el Modelo *Doing Good*. Como ya he apuntado, para alcanzar la paz mundial cada uno de nosotros debe alcanzar la paz consigo mismo y con su entorno y, al promover este valor en el modelo, aumentaremos los círculos de conciencia, proporcionando herramientas para que, paso a paso, las personas entiendan que si queremos conseguir la paz mundial cada uno de nosotros debe asumir la responsabilidad personal de nuestra propia paz interior y hacerse eco.

La carrera de percepción de Jill Bolte Taylor

Supe de la existencia de la neurocientífica Jill Bolte Taylor, y de la increíble experiencia que vivió, durante una presentación de Ted Talk que dio. En su discurso, describió cómo sufrió un derrame cerebral masivo y cómo comenzó a darse cuenta de que sus diversas funciones cerebrales se estaban apagando, una tras otra, incluida su capacidad para moverse, su forma de hablar y la conciencia de sí misma.[1]

Después del asombro que supuso saberse viva tras haber sufrido el derrame cerebral, Taylor pasó los siguientes ocho años intentando recu-

---

1. www.ted.com/talks/jill_bolte_Taylor_s_powerful_stroke_of_insight ? language = en #

perar sus habilidades para pensar, caminar y hablar. Desde entonces, se ha convertido en una poderosa portavoz de la recuperación para quienes han sufrido accidentes cerebrovasculares y de la posibilidad de recuperarse de una lesión cerebral con más fuerza que antes, si cabe. Hoy en día es una oradora y autora muy prolífica que viaja en nombre del Centro de Recursos de Tejidos Cerebrales de Harvard.

En el caso de Taylor, aunque el accidente cerebrovascular dañó el lado izquierdo de su cerebro, su recuperación desencadenó un torrente de energía creativa desde el lado derecho de su cerebro. Para Taylor fue una experiencia increíble aprender cómo es la vida cuando su lóbulo izquierdo no funciona bien y no tiene ningún pensamiento lineal, razonamiento crítico o juicios de ningún tipo, sobre nadie. Durante parte de su experiencia de curación, simplemente existió. Pero después de su ataque, lo vivió todo de primera mano.

Taylor cuenta lo que le sucedió en términos tan claros como el agua. Me fascinó escuchar cómo lo describía. «Para utilizar una metáfora poderosa, diremos que tenemos dos magníficas máquinas de procesamiento de la información dentro de nuestras cabezas –explica–. Nuestra mente correcta se enfoca en nuestras similitudes, el momento presente, la inflexión de la voz y la imagen más amplia de cómo todos estamos conectados. Debido a que se enfoca en nuestras similitudes, mi mente [el hemisferio del cerebro] se enfoca en la compasión, expansión, apertura y apoyo a los demás. Al mismo tiempo, nuestro hemisferio izquierdo piensa de forma lineal, crea y entiende el lenguaje, define los límites –dónde comenzamos y dónde terminamos–, juzga qué es correcto y qué está mal, es un maestro de los detalles, detalles y más detalles sobre los detalles mismos. Debido a que se enfoca en nuestras diferencias y se especializa en el juicio crítico de los que no son como nosotros, nuestro carácter cerebral izquierdo tiende a ser una fuente de intolerancia, prejuicios y miedo u odio a lo desconocido».[2]

Fue una experiencia increíble para Taylor aprender cómo es la vida sin ningún pensamiento lineal, sin juicios de ningún tipo sobre sí misma o

2. www.huffingtonpost.com/dr-jill-bolte-Taylor/neuroscience_b_2404554.htm

sobre los demás. Simplemente existió, y se dio cuenta de que, como seres humanos, tenemos el poder de elegir ser amables en lugar de críticos, y de ser abiertos en lugar de estar atascados en el miedo.

Taylor señala que, debido a que ahora sabemos mucho más sobre cómo funciona el cerebro que antes, podemos dirigir nuestra propia evolución. Como ella dice: «Sabemos que tenemos la capacidad no sólo de experimentar nuestro circuito biológico, sino de observarlo, nutrirlo y cambiarlo, tenemos la capacidad de elegir conscientemente quién y cómo queremos ser en el mundo».[3] Estoy totalmente de acuerdo en que todos y cada uno de nosotros tenemos el poder de elegir quién y cómo queremos ser en el mundo. Con esto en mente, creo fervientemente que encontrar la paz interior, de forma individual, es la clave para alcanzar la paz mundial colectivamente. De la paz interior a la realización, el Modelo *Doing Good* se expande.

---

3. *Ibidem.*

Capítulo 8

Realización

෧

Realización

*Darse cuenta de todo el potencial del yo
(mientras estamos en paz con nuestras elecciones).*

෧

La autopista de la vida

Alcanzar la satisfacción con uno mismo es como tomar una carretera. Hay muchos itinerarios, carreteras laterales, caminos serpenteantes, senderos que llevan a donde se quiere estar, y otros que consiguen que nos perdamos. Hay muchos caminos para elegir. Vamos a describirlo.

En mi mente, veo una sala de cine con muchas películas diferentes para elegir. Hay películas de terror, dramas, thrillers, películas de acción, comedias y romances, incluso ciencia ficción. Para mí, esto describe nuestras vidas básicamente. Podemos elegir la película a la que queremos ir y la ruta que queremos seguir.

En mi vida personal, he tomado muchos caminos y he visto muchas películas. He pasado por un largo proceso de conexión interna, pero ahora creo que estoy en mi camino personal de realización. Es curioso comprobar cómo uno puede realizarse en la carrera profesional y no per-

71

sonalmente. O todo lo contrario: puede que te realices personalmente pero no en el trabajo. Hay muchos tipos de realización: autorrealización, realización interpersonal, realización familiar y realización profesional. Cada persona puede buscarse a sí misma dónde se sienta realizada.

La realización es una introspección personal, y todo lo que vemos en el exterior no es necesariamente verdad. Una persona puede parecer muy exitosa, tener dinero, posición, familia, de todo, y seguir creyendo que algo le falta para sentirse pleno. El problema es que la realización es una cosa muy personal. La gente tiende a generalizar pensando que las personas ricas y famosas, como las estrellas de cine o de rock, tienen un estilo de vida glamuroso, que hacen lo que quieren y, sin embargo, algunas parecen tristes y solitarias, pasan noches interminables en habitaciones de hotel, solas o con gente que no les importa, persiguiendo lo que parece ser un sueño en lugar de conectarse con lo que realmente es satisfactorio para ellas.

Buscar la realización individual y colectivamente

Si bien el camino hacia la realización es diferente para todos, hay una serie de deseos comunes que la mayoría de la gente quiere. Con independencia de su situación, su lugar de residencia, la dirección de su carrera o su camino en la vida, creo que todos sentimos la voluntad de ampliar nuestra conciencia y nuestro conocimiento, y de crecer en general como seres humanos. Todos queremos sentirnos valiosos, saludables y en paz. Todos queremos sentirnos conectados y formar parte de algo.

Todos deseamos que fluya la buena energía en nuestros hogares y en nuestros lugares de trabajo, y ser parte de un grupo de personas positivas que marquen la diferencia. Aunque soy dueña de mis negocios y, al menos técnicamente, puedo exigir lo que quiera, entiendo que para crear esa clase de buena energía en mi grupo, tiene que salir de una intención pura, del ejemplo personal, creando el tipo de ambiente que conduce a esa forma de realización. La realización es interna y personal; no es algo que puedas dictar a los demás.

Por eso trato de crear un lugar donde las personas se sientan apoyadas y valoradas, donde puedan contribuir con sus talentos y sentir que son una parte importante del colectivo. Cada persona tiene su lugar, más allá de su trabajo, para conectarse con lo que más le apasiona. Creo que ésta es la manera de liderar una fuerza laboral creativa, productiva y comprometida, un grupo de personas que realmente puedan marcar la diferencia individualmente, para sus familias y para las empresas en las que trabajan.

Sentirse realizado significa que te sientes feliz y vivo, aportando tu máximo potencial. Así como hay muchos caminos diferentes y muchos tipos de películas, hay infinitas formas en que las personas pueden sentirse satisfechas; todos somos diferentes. Cada día tomamos decisiones, y una parte importante de la realización consiste en estar en paz con las elecciones que tomamos. La realización se encuentra cuando consigues el equilibrio entre tus elecciones y aceptas sus resultados.

Encontrar lo que te realice

Encontrar el propósito de nuestra vida trata, para cada uno de nosotros en tanto que individuos, de nuestra visión personal. Para encontrar lo que te satisface, puedes empezar sentándote en silencio y pensando en lo que te hace sentir realizado. ¿En qué momentos de tu vida te sentiste más vivo, feliz y apasionado? ¿Qué te hace perder la noción del tiempo? ¿Qué actividad te hace sentir tan lleno de energía que podrías seguir realizándola sin parar?

Esto puede parecer algo simple, pero date tiempo para pensarlo. Cuando encuentres un lugar en lo profundo de tu ser, piensa en lo que realmente amas hacer. No es aquello que se espera de ti, no es lo que esperas de ti mismo, no es lo que piense nadie más, sino lo que deseas para ti en la vida, lo que hace que tu corazón cante.

He descubierto que conectarme con lo que me hace feliz resuena en el resto de ámbitos de mi vida, iluminando todo lo demás con una luz más positiva, una luz más plena. A medida que conectes con tus pasiones más íntimas y las cumplas, creo que te sentirás más fuerte y más feliz por dentro, y es posible que comiences a ver todas las posibilidades que se abren para ti.

Encontrar la realización en tu carrera profesional

Para alcanzar la satisfacción en una organización, se necesita un propósito elevado, que nos impulse individual y colectivamente cada día a luchar por algo más grande que nosotros mismos. A través de la historia, podemos ver que quienes han demostrado tener visión, persistencia y pasión y se han preocupado por algo más elevado que ellos han estado atentos a las necesidades de las personas y han trabajado por mejorar el futuro colectivo, son quienes han logrado una transformación verdadera y perdurable.

Todo se reduce, en mi opinión, a los valores. No es suficiente crear el mejor producto o brindar el más alto nivel de servicio, a menos que por encima de todo te importen las personas y la comunidad en la que trabajas. Los valores verdaderos van más allá de una visión, una misión, algo que está en la pared pero con lo que nadie realmente conecta. Los verdaderos valores deben implementarse en todos los niveles de los negocios, conectando con todos los empleados e influyendo en el exterior, en todas las zonas de influencia relacionadas con el negocio.

Cuando los valores se alinean entre lo personal y la organización de una manera clara, enfocada e interesante, el individuo y la colectividad pueden prosperar y realizarse.

A pesar de que ser rentable es, sin necesidad de decirlo, el resultado más importante de cualquier negocio, creo que la visión y la misión es algo que va más allá de las ganancias monetarias. Si eres propietario o diriges una empresa u organización, pregúntate: «¿Se está cumpliendo nuestra misión principal?».

Si eres un empleado, puedes preguntarte: «¿Me siento contento al ir a trabajar?», «¿siento que formo parte de algo grande, algo importante?». Si los empleados se sienten parte de una entidad más amplia, y los jefes cumplen con su misión, creo que hay una alineación entre la realización personal y la colectiva.

Mi propia historia de realización personal: material para la reflexión

Recientemente he publicado un libro titulado *Material para el pensamiento*. Esta obra trata sobre mi proceso de crecimiento personal a través del arte. El libro incluye la mayoría de mis obras de arte, pinturas al óleo, bocetos, esculturas, fotografías y más. ¡Adoro mi libro! Lo escribí para mí, lo creé para mí y me encanta. Considero que esto es la verdadera realización. Es curioso, pero sé que he estado creando durante toda mi vida sin sentirme nunca realizada.

Como nací en el seno de una familia que se dedicaba a los negocios, crecí creyendo, en parte, que si no eres productivo en ese mundo no tienes mucho valor. Aunque la mayoría de las personas en mi familia eran creativas y algunas apoyaban las artes a través de la filantropía, nadie en ella ha intentado abrirse camino como artista porque la mentalidad era que el arte no era un trabajo serio puesto que no pretende conseguir directamente el dinero. Ése ha sido para mí un desafío durante toda mi vida.

Considero que la expresión del arte estaba en lo más profundo de mi ser y siempre he sentido que era esencialmente una artista, una creadora. Pero, como estaba condicionada para centrarme en el mundo de los negocios y el éxito, me ha resultado muy difícil expresar ese aspecto de mi personalidad.

A lo largo de los años, he tenido la suerte de poder usar mi propio proceso creativo en muchos de los proyectos en los que he trabajado. Al encargar la construcción de edificios a través de la filantropía, he utilizado la oportunidad de incluir mi visión para diseñarlos, trabajando con arquitectos, eligiendo los colores y los materiales, y haciendo realidad una construcción tras otra, un proyecto tras otro, liberando así mi pasión.

Tanto en los negocios como en la filantropía, con ayuda de otros, utilicé mi visión creativa para inculcar un cambio real, que incluía la transformación de varias empresas y organizaciones existentes que forman parte del Grupo Arison. También puse mi energía creativa en un nuevo enfoque mientras fundaba una nueva compañía y varias organizaciones filantrópicas más.

Aunque puse a menudo mi alma artística en los negocios y la filantropía, nunca obtuve una verdadera satisfacción, me refiero a la que está en el nivel más profundo, más íntimo. Siempre quise crear arte pero nunca pude imaginar, ni en sueños, que podría convertirme en una artista. Tenía una especie de barrera interior que no me permitía expresarme a través del arte. Estaba convencida de que no era lo suficientemente buena. Me comparaba con otras personas, y siempre miraba desde fuera hacia dentro y no desde dentro hacia fuera.

Finalmente superé mis barreras y me permití disfrutar de la experiencia gozosa de crear arte, sólo para mí, por pasión. Pude conectar con mi núcleo interno y proyectar mi alma creativa en las obras de arte. Una vez que me puse a pintar y crear obras artísticas, comencé a compilar esas piezas en un libro, y entonces descubrí que todo en mi vida se volvía más satisfactorio.

Para mí, mi libro de arte es la manifestación de mi alma creativa, que es íntima, profunda y sale de mi interior. Llegué a conseguir un estado en el que era feliz y disfrutaba de la mayoría de todos los aspectos de mi vida, y sólo después de alcanzar mi verdadera satisfacción, de repente, todos los ámbitos de mi vida (negocios, filantropía, relaciones) mejoraron, todo tenía más significado. Ahora siento que mi vida está conectada con mi pasión más íntima y eso, literalmente, ha transformado mi propia existencia.

Si no alcanzas un nivel profundo de realización personal con tu propio trabajo, sigue buscando lo que te complete, pero recuerda que la totalidad es algo interno. Una vez encuentres lo que realmente te llena, encontrarás la manera de mejorar tu carrera y revitalizar tu vida personal. La realización tiene el poder de transformar todos los niveles de tu existencia de una manera milagrosa.

Realización individual: hablar en el desierto

Esforzarse por conseguir la realización personal se puede lograr de maneras diferentes. Recientemente escuché una bonita historia sobre uno de nuestros ingenieros séniores llamado Noam. Él trabaja diariamente en Salt of the Earth en nuestro centro en Eilat, pero también ha encontrado salidas muy satisfactorias para su propio talento creativo fuera del trabajo.

La fotografía es el pasatiempo de Noam y su pasión, le encanta encontrar belleza en las escenas cotidianas. Buscando la manera de apoyar a su comunidad, encontró una gran satisfacción al ofrecerse como voluntario para compartir su experiencia con los estudiantes de una escuela local, trabajando con jóvenes que tenían necesidades especiales y que querían aprender fotografía.

Noam les enseñó cómo usar una cámara y cómo encontrar belleza en objetos y escenas cotidianas que tenían a su alcance en su escuela y en su entorno. Crear sus propias imágenes y mostrar sus ilustraciones fotográficas a sus maestros y padres fue una salida maravillosa para que estos estudiantes expresaran su propia identidad de una manera concreta, desarrollaran confianza en sí mismos y se sintieran orgullosos de lo que eran capaces de hacer.

Noam también trabajó en su propio proyecto, lleno de alegría. Durante varios años, salió al desierto a distintas horas del día para capturar con su cámara diferentes escenas, desde ángulos diversos, con luz natural, al amanecer, al mediodía y al anochecer, creando imágenes bellas e inspiradoras.

Dicho proyecto se acabó convirtiendo en un auténtico placer cuando seleccionó las mejores tomas de sus miles de imágenes y se autopublicó su libro de arte fotográfico, titulado *Desert Dessert -The Desert Talks*. A lo largo del libro fue añadiendo algunas palabras que le pareció representaban cada fotografía. Invirtió en ello interminables horas y unos recursos considerables para completar su libro, pero disfrutó del proceso de creación y ahora su obra es como una celebración única de la belleza natural.

Realización colectiva: Artport de Tel Aviv

Mi hijo Jason Arison ha elegido enfocar su carrera profesional hacia el lado filantrópico del Grupo Arison. Como presidente de The Ted Arison Family Foundation, supervisa diversos aspectos de las operaciones, incluidas varias organizaciones filantrópicas, la administración, la financiación, las colaboraciones comunitarias y otras necesidades de la comunidad que surjan. Este trabajo podría ser satisfactorio ya por sí mismo, pero como todos nosotros Jason quería expresar su propia pasión por las artes a su manera.

«Siempre sentí una fuerte conexión personal con el arte y la música, así que quería construir algo desde cero, algo sólo para artistas –dice–. Fue algo que quise hacer durante muchos años. Me inspiraron mi abuelo y su esposa, mi abuela Linnie, que siempre apoyó a jóvenes artistas de Estados Unidos, y yo también quería hacerlo, pero a mi manera».

Su enfoque se manifestó a través de su fundación, Centro para el Arte Joven, y dentro de dicha entidad, creó Artport Telaviv. Investigó varios modelos de programas de arte en todo el mundo, durante más de un año, para determinar la mejor estructura. Su objetivo era fundar la Artport para apoyar a los artistas jóvenes, propiciando que pudieran contar con un espacio de estudio y un entorno de apoyo donde podrían mejorar sus habilidades y experiencia en la creación artística.

Sabía que incluso los artistas con mucho talento pueden tener problemas para desarrollar una carrera satisfactoria. Son muchos los que deben llevar a cabo un trabajo que no les resulta satisfactorio, un «trabajo diario» con el que tal vez no disfruten y sólo les sirva para pagar las facturas. Luego luchan por encontrar tiempo y recursos adicionales para dedicarse al arte a tiempo parcial o de manera casual.

Sin embargo, Artport ofrece a los artistas (tanto israelíes como a artistas internacionales visitantes) la oportunidad de ser apoyados mientras crean nuevos obras y desarrollan sus propias carreras independientes y sostenibles en el mundo del arte. Los artistas pueden solicitar formar parte del programa de Artport, y un comité de miembros externos, que son artistas profesionales muy respetados y comisarios líderes del mundo del arte, seleccionan a los mejores candidatos.

Ser capaz de hacer lo que a uno le gusta como si fuera un trabajo a tiempo completo es algo muy gratificante. Hasta ahora, en unos pocos años desde su inicio, veinticinco artistas han sido apoyados a través de Artport.

Mientras los artistas permanecen en Artport durante un año tienen acceso a un estudio para su propio uso, alojamiento si fuera necesario y una beca mensual, además de participar en un programa de enriquecimiento profesional. Esto incluye talleres, conferencias, discusiones con colegas y líderes del mundo artístico, oportunidades de exhibir su obra, asociaciones de colaboración, así como exposiciones profesionales a través de visitas web y en el estudio. Mientras recibe todos estos beneficios, cada artista se compromete a crear un proyecto comunitario, para que su obra se integre en la sociedad de una manera significativa.

Así, bajo la visión y el liderazgo de Jason, Artport se ha convertido en un hogar para artistas emergentes, un entorno dinámico y un lugar que se define como un punto de inflexión en la vida de estas personas talentosas. Artport es una plataforma enriquecedora para que se conviertan en los profesionales completos que desean ser. Si bien aún es nuevo y está creciendo, se está convirtiendo en un programa respetado a nivel internacional, y el mismo Jason fue reconocido en el periódico *Forbes Israel* como una de las diez personas más influyentes en el panorama artístico local.

Veo a Jason poner toda su alma en los diversos aspectos del programa, eligiendo a las personas adecuadas para que todo funcione sin problemas. Pero también veo la verdadera satisfacción en su rostro cada vez que acudo a un evento, una exposición o un proyecto comunitario de Artport. Esto es, cuando veo a Jason en su verdadero elemento. Puedo ver la luz y la alegría brillando en sus ojos.

La emoción de Jason continúa a medida que las carreras de los artistas despegan. «Cuando veo que nuestros artistas dejan el programa Artport para acceder a otros prestigiosos programas en todo el mundo, o cuando venden sus obras de arte a museos o galerías, me siento feliz y satisfecho. Es una sensación increíble».

Las diferentes vías de la realización

Es importante para mí señalar que, aunque estos ejemplos pertenecen al mundo del arte, la realización es diferente para cada individuo. Para algunos es el arte, para otros, naturaleza, y del mismo modo que hay innumerables personas en el mundo, innumerables son los caminos hacia la satisfacción que pueden encontrar. Cada persona necesita acceder a su lugar más recóndito y encontrar lo que le satisface.

Cuando hallamos la verdadera realización en el hogar, en el trabajo y en todos los aspectos de nuestras vidas, alcanzamos la plenitud. Estar completamente satisfecho es algo que resuena hacia fuera y sirve, para los demás, como un ejemplo positivo de lo que se puede lograr. Añadí la realización intuitivamente al Modelo *Doing Good*, porque soy consciente de su importancia. Cada valor tiene un papel que desempeñar en la imagen global del modelo, e igualmente importante es nuestro siguiente valor: la vitalidad.

Capítulo 9

Vitalidad

⤫

Vitalidad

*Energía interior que enciende una serenidad vital,
una constante renovación y sensación de renovación.*

⤫

Descubrir tu propia chispa

La vitalidad es la chispa que reside en tu interior; es un pulso, una vibración, la sensación de estar vivo. La vitalidad es lo que te permite disfrutar de la alegría de la vida, al agradecer que te hayas levantado por la mañana, olido las flores y disfrutado de una taza de café con un amigo.

Sentirse vital es una sensación diferente para todos. Para algunos de nosotros, incluyéndome a mí, la dieta, el ejercicio y la meditación son partes importantes del sentimiento vital. Para otros, comenzar el día escuchando música, y para otros, es fundamental para su vitalidad disfrutar de su trabajo. Por lo tanto, no se trata de una «dieta» determinada, y no hay una sola solución que funcione para todos. Sólo debes ser consciente de lo que te hace sentir vital, sabiendo que tu mente y tu cuerpo te dirán qué es lo que te proporciona vitalidad y qué necesitas para sentirte más vivo y vibrante.

En una empresa u organización cualquiera, la vitalidad es más o menos lo mismo. Las entidades exitosas tienen un «pulso» que se puede sentir, una energía que impulsa a la empresa y a sus empleados hacia delante. Una compañía con buen pulso da la bienvenida a los empleados, y eso se amplifica especialmente cuando acuden a trabajar con una vitalidad interna propia. ¿Qué podría ser mejor que emplear personas que se despiertan con una emoción positiva y una chispa saludable y que aman lo que hacen cada día en su carrera? Pero, no obstante, no debemos dar eso por hecho, sino que como directores debemos crear el tipo de entorno que promueva el bienestar. Por supuesto, para alcanzar una vitalidad colectiva, cada persona debe asumir la responsabilidad de su propia vitalidad.

Para mí, Vitality es un valor que se conecta en lo profundo de mí misma. Es un estado de la mente y el cuerpo al que necesito echar un vistazo y conectarme a diario. A diario, nos enfrentamos a desafíos en todos los aspectos de nuestras vidas. Es fácil caer en una existencia mundana, y es nuestra responsabilidad individual elegir la vitalidad todos los días.

Hay mucho más en la vitalidad de lo que parece a simple vista. En todas mis compañías he intentado inculcar una sensación de vitalidad y vida. Hasta que me hice cargo de ellas, estas empresas parecían no tener una visión real más allá de las preocupaciones operativas cotidianas, así que decidí conectarlas al panorama general, teniendo en cuenta el valor y la vitalidad que podían aportar a sí mismas y al mundo.

Hemos sido testigos de los numerosos resultados positivos de la introducción y promoción del valor de la vitalidad en nuestras empresas. Hemos visto que la vitalidad aumenta la productividad y el logro. Impulsa la innovación, la iniciativa y el compromiso, haciendo que las personas quieran luchar por una vida mejor, una mejor manera de hacer las cosas en las empresas que hace que todos se sientan vitales y vivos.

El foro de Vitality en realidad surgió de los empleados que estaban interesados en implementar este valor en todas las empresas y organizaciones filantrópicas. Después de crear una serie de iniciativas, la gerencia y algunos de los empleados me propusieron que les explicara cómo se podía conseguir una mayor implementación del valor de Vitality.

Mi respuesta fue clara: la vitalidad es diferente para todos. Para mí, por ejemplo, cuando bailo, me siento más vital. Pero para cada individuo lo que le impulsa es algo profundo e íntimo que sólo él puede decir. Por lo tanto, les recomendé que les preguntáramos a los empleados qué les hace sentir vitales y que compartieran con nosotros cómo sugerirían su implementación en el lugar de trabajo. Fue increíble ver los resultados de la encuesta y el entusiasmo que esto creó.

Salt of the Earth y Vitalidad

El valor de Vitality originalmente vino de la visión de Salt of the Earth. Al hacer una lluvia de ideas junto con Arison Investors y los equipos de gestión de Salt of the Earth, advertí el hecho de que para vivir necesitamos sal. Nuestros cuerpos necesitan sal.

Al hablar sobre la importancia de la sal, me pareció increíble cuando uno de nuestros gerentes me mostró una lista de citas de la biblia. Resulta que el libro sagrado está lleno de citas sobre la sal. Fue entonces cuando me di cuenta de la importancia de la sal y lo vital que es en nuestras vidas. La visión de la compañía de sal, Vitality, nació así.

Nuestra compañía, Salt of the Earth, es el principal fabricante de sal en Israel, y nuestros productos se comercializan tanto para clientes industriales como minoristas en Israel y en el extranjero. El funcionamiento de nuestra compañía de sal se relaciona directamente con Vitality, ya que las operaciones que se llevan a cabo con la sal reflejan el ritmo dinámico de la vida y la constante renovación.

Mediante operaciones fundamentales, Salt of the Earth extrae la sal tomando agua salada de su origen natural para después convertirla en cristales de sal por evaporación en una serie de estanques de sal. Si bien esto se basa en técnicas antiguas, nuestros métodos actuales son altamente técnicos, muy sostenibles y respetuosos con el medio ambiente, vitales en todo el sentido de la palabra. Como hemos dicho, el cuerpo humano necesita la sal para vivir. Sin embargo, la reputación de la sal se ha vuelto negativa a lo largo de los años. Hay personas que afirman que demasiada sal no es saludable, pero sin la ingesta de sal en nuestras dietas tendríamos graves problemas. No sólo eso, la sal le dio a la raza humana la capacidad de preservar los alimentos, por lo que es muy importante para nuestro desarrollo como sociedad.

La civilización humana y las antiguas rutas comerciales estaban muy influenciadas por la disponibilidad de la sal. Ésta era tan valiosa que muchas personas la utilizaron como moneda de cambio. Se cree que a los soldados romanos se les pagaba con sal en ciertos momentos, lo que llevó a la expresión común de que alguien que hace bien su trabajo «valía la pena». Incluso nuestra palabra moderna «salario» se deriva de la palabra latina *salārium*, que significa 'pago en sal'. La palabra «sal» se usa en varios contextos de la Biblia como metáfora de permanencia, fidelidad, lealtad, utilidad y purificación. La sal también se menciona como un pacto de amistad y compasión. Hoy, me enorgullece decir que la vitalidad que han creado la gerencia y los empleados en nuestra compañía de sal ha introducido un pulso y una vitalidad. Impulsados por la innovación y la sostenibilidad, han abrazado por completo los valores del Modelo *Doing Good*.

Mientras que la fuerza de trabajo en Salt of the Earth radica en sólo un poco más de cien personas en total, han constituido una gran parte de nuestra transformación interorganizacional. Cada vez me sorprende más su ingenio, y me encanta ver lo que han hecho dentro de la empresa, haciendo uso de su propia vitalidad natural.

Introduciendo la vitalidad en las oficinas del Grupo Arison

Los empleados de Arison Group en nuestras oficinas centrales encontraron sus propias formas de promover este valor cuando se propusieron crear sus propios proyectos para celebrar la vitalidad de maneras que fueran más significativas para ellos.

Nuestro vocero de la compañía, que también se encarga de las relaciones con los medios en Israel para el Grupo Arison, ayudó a establecer el foro Vitality a mediados de 2013 porque había muchas personas en la oficina interesadas en este valor. El grupo decidió organizar conferencias y talleres regulares sobre nutrición, salud y ejercicio. Los oradores externos han venido para presentar en el Meatless Monday, por ejemplo, y el valor de incorporar una rutina de ejercicio regular en la vida.

A partir de estas iniciativas, el grupo decidió llevar a cabo la redacción de un libro con recetas para cocinar los platos saludables favoritos de los empleados. Se tomaron fotos creativas y divertidas de los empleados «interactuando» con los alimentos para reforzar los mensajes positivos. Estas imágenes se publicaron en la parte posterior de cada una de las tarjetas de recetas de colores individuales que, finalmente, formaron parte del *Arison Group Recipe Book* (libro de recetas del Grupo Arison).

Desde entonces, otras empresas y organizaciones del grupo se han interesado y han comenzado a llevar a cabo sus propias iniciativas para reforzar la vitalidad y el bienestar en sus propias oficinas, donde sea que se encuentren. Por ejemplo, en la empresa de infraestructuras y bienes raíces, los empleados optaron por organizar juegos grupales y actividades después del trabajo para promover el bienestar y la vitalidad. Una vez que Shikun & Binui probaron esta divertida y exitosa iniciativa, muchas de nuestras compañías y oficinas del Grupo Arison también lo hicieron.

Como resultado, en poco tiempo, vitality ha demostrado estar muy activa, viviendo y respirando dentro de nuestra organización, no sólo en salt of the earth, donde comenzó, sino en cualquier lugar donde los empleados se muestren positivos y vitales, afirmando decisiones sobre su lugar de trabajo, la vitalidad a nivel individual y de la compañía en general.

La aparición del *running*

Cuando éramos niños, muchos de nosotros nos criamos jugando en la calle con nuestros amigos, corriendo y saltando cada vez que teníamos la oportunidad. La alegría pura del movimiento de nuestros cuerpos está siendo redescubierta por los adultos en forma de clubes de *running* y carreras individuales que continúan haciéndonos sentir vibrantes y vivos.

Creo que correr se ha convertido en una actividad tan popular porque encaja en nuestras ocupadas vidas de una manera relativamente fácil. No es necesario ser un atleta de élite para correr, y no se requiere de un equipo costoso para comenzar. Para quienes tendemos a llevar vidas intensas, correr es una actividad que se puede medir fácilmente y para la cual se pueden establecer metas personales que sean alcanzables.

Además de salir a correr temprano por la mañana, la maratón está disfrutando ahora de una gran popularidad en todo el mundo. En la Antigüedad, la palabra «maratón» se usó para designar la legendaria carrera del soldado griego Filípides, quien actuó de mensajero desde el lugar donde se entabló la Batalla de Maratón a Atenas. Hoy en día, una maratón es una carrera de larga distancia (42,12 kilómetros).

En la actualidad, las carreras de maratón se organizan en todo el mundo y la mayoría de los competidores son atletas aficionados que se entrenan para participar. Sólo en Estados Unidos, en 2013, se llevaron a cabo más de 1.000 carreras de maratón de longitud completa, y de acuerdo con el informe Marathon Anual de Running USA, más de 500.000 corredores completaron esas carreras. Una gran parte de éstas se llevaron a cabo en centros más pequeños, pero para las carreras más grandes y prestigiosas los corredores pueden optar por viajar a través del país y cruzar los océanos para participar.

Puedes elegir correr solo o competir en una maratón, pero, independientemente de tus objetivos, una vez que comiences una rutina de correr, es muy probable que sientas los beneficios para la salud casi de inmediato. Una rutina constante o una que implica una caminata vigorosa cada día es muy transformadora para la mayoría de las personas. Salir y correr con frecuencia conduce a una mejor salud cardiovascular, opciones más sabias en la dieta, mejores patrones de sueño, mayores niveles de energía, una sensación de vitalidad general y mucho más. El valor de Vitality no puede ser exagerado, y creo que es algo que nuestros cuerpos anhelan de una forma natural. Vitality insufla vitalismo a nuestra vida personal y profesional, es como una energía de conducción interna que permite un ritmo dinámico de vida con lo que sea que estemos haciendo. A partir de este punto, vamos de los valores personales internos a los que nos invitan a interactuar más con el mundo que nos rodea, comenzando con el valor de dar.

TERCERA PARTE

ACTIVA TU BONDAD MIENTRAS SE CONSIGUEN GANANCIAS PARA TODOS

Capítulo 10

Dar

༺ༀ

Dar

Dar desde una posición auténtica, sincera y empoderadora.

༺ༀ

El valor de la donación

La verdad es que dar es una de las cosas más poderosas que podemos hacer. Siempre sostengo que incluso una sonrisa que ilumina el día de alguien es un regalo que ofreces. La gente piensa que para poder dar, necesitas tener mucho: riqueza, posición, como si, en definitiva, se tratara de un valor monetario. Pero a mi entender, dar empieza con actos de bondad muy simples: un oído atento, un abrazo, un pequeño gesto que puede cambiar el día de otra persona.

Es importante dar de manera auténtica, equilibrada, que te haga sentir bien; entonces ganas tanto como la persona a la que le estás dando. El acto de dar sin consideración hacia ti mismo se agota, sin embargo, darte en consideración es inspirador y poderoso.

Las diferentes facetas de la donación

Donación y voluntariado son valores íntimamente relacionados, pero en cuanto al Modelo *Doing Good* era importante para mí que se consideraran de forma individual. Cada componente del modelo tiene su propia individualidad pero juntos se completan. Aunque originalmente la gerencia agrupó donación y voluntariado en un solo foro, es interesante ver que ahora, después de un par de años, los mismos empleados llegaron a la conclusión de que, aunque están relacionados, son bastante diferentes en el fondo. Ahora tenemos un foro para donaciones y otro para el voluntariado. Dar puede ser algo voluntario, por ejemplo, donar tiempo, pero dar es un concepto mucho más amplio. Piensa en todas las formas en que puedes dar: dinero, consejos, tutorías, amistad y mucho más.

Entiendo que la gratitud es también una faceta importante como donación. En primer lugar, gratitud hacia uno mismo por el cuidado, la voluntad propia y las capacidades de los dones que uno da. La gratitud a la organización de la que eres parte es una donación, ya sea para beneficio de los empleados o de la comunidad en la que trabajas. Gratitud en forma de reflexión que proviene de los destinatarios, los cuales pueden apreciar lo que están recibiendo. En general, creo que la gratitud es una parte esencial de la donación.

Negocios y filantropía: el foro de las donaciones

A pesar de que hemos donado muchas veces en el transcurso de los años, a través de nuestra fundación familiar y de donaciones corporativas en todos nuestros negocios, aún estamos explorando el valor del foro dar a través de la donación. Creemos que es importante que todos tengamos una opinión común sobre los valores, si tenemos la intención de vivirlos a diario.

Por ejemplo, hace poco asistí a una reunión del foro donde discutimos ampliamente sobre el valor de la donación. Alguien dijo que las donaciones deberían hacerse de una forma incondicional, y yo les dije que no existe una donación incondicional, y les aconsejé que no usaran esa frase. Voy a explicarme. La definición de este valor es: dar desde una posición auténtica, sincera y empoderada: por lo tanto, ¿cómo puede ser incondicional? Cada organización tiene una estrategia, lo cual implica que están de acuerdo con su propio enfoque y sus necesidades. Eso, en sí mismo, ya es una condición.

Con la donación a una causa, uno espera ver resultados específicos. Si se brinda asesoramiento o experiencia en un esfuerzo por ayudar a alguien, se espera que esa persona nos escuche, y deseamos que de nuestros esfuerzos se obtenga algo bueno, resultados tangibles para la persona o la causa que se desea apoyar. De hecho, si no tienes expectativas, tampoco tienes visión, por consiguiente, ¿qué resultado podríamos esperar?

Si perteneces a una fundación o una compañía, es importante determinar una estrategia de donaciones, de modo que puedas crear el impacto que estás tratando de conseguir. Habitualmente, las organizaciones que hacen donaciones a la comunidad lo hacen para crear un cambio positivo, y ése es el resultado que quieren ver.

Creo firmemente que cuando das necesitas tener unos límites establecidos. Cuando das sin límites, te conviertes en una víctima. Incluso si das un abrazo, no querrás que te abofeteen a cambio. Una organización sin ánimo de lucro o una corporación que hace donaciones a una causa espera que su donación se use según lo previsto. Ahondaré más en esta idea porque no estoy hablando de dar con la expectativa de que me devuelvan lo que doy o que, en consecuencia, alguien esté en deuda conmigo. Incluso como individuo que le está dando algo a otra persona esperaré gratitud a cambio y que se haga un uso adecuado de mi donación. Por ejemplo, si le das dinero a un amigo para un propósito específico como pagar una deuda, y se va a Las Vegas a jugarse el dinero, te sentirás muy defraudado porque ésa no era tu intención cuando se lo diste. Eso es lo que quiero decir cuando afirmo que una donación nunca es incondicional.

Sin embargo, a medida que seguimos creciendo y evolucionando, avanzamos hacia un lugar en el que el amor y la entrega sí serán incondicionales. Pero eso requiere crecimiento, una mayor perspectiva y la comprensión de que cuando das incondicionalmente tienes que estar de acuerdo con el resultado, sea cual sea.

Dar desde el corazón

Una de mis amigas me ha demostrado, a través de los años, que dar no tiene nada que ver con el dinero. Como dijo la madre Teresa de Calcuta: «No se trata de cuánto damos, sino de cuánto amor ponemos cuando damos». Mi amiga y yo siempre hemos estado muy unidas, nuestros hijos crecieron juntos. Con los años, me hice rica, pero ella solía tener problemas cuando se trataba de finanzas. Sin embargo, con el gran corazón que tiene, nunca estuvo falta de amor para repartir.

Siendo la clase de persona que es, siempre hablando conmigo y pensando cómo podemos marcar la diferencia en el mundo y dar, cada cual a su manera, mi amiga decidió hacerse madre de acogida para llenar de amor a niños necesitados de un hogar y un futuro mejor. La manzana no cae lejos del árbol. Su hija menor, desde el momento en que la conocí cuando era niña, siempre quiso ayudar a los menos afortunados. Pasó años en Haití, después del terremoto, e incluso arriesgó su vida para ayudar a niños en Sierra Leona afectados por el ébola.

Siempre digo que para hacer el bien a los demás, debes hacerte el bien a ti mismo, pero también sostengo que la mejor forma de dar es conectarse con una pasión propia. Eso es lo que mi amiga y su hija hicieron y continúan haciendo. Heidi Wills dice: «Una buena persona es un regalo para todo el mundo».

Vuelta al mundo de los negocios: un vehículo para las donaciones corporativas

Siempre he creído que las empresas tienen un papel importante en la retribución a la comunidad. No hace falta decir que las organizaciones filantrópicas dan, y ésa es su esencia. Pero en los negocios, la creencia de la vieja escuela consistía solamente en preocuparse por el resultado final y los beneficios, mientras que hoy, la concepción de la nueva escuela es que cada negocio forma parte de una comunidad, parte de un país y de nuestro planeta. Por lo tanto, cada empresa tiene la responsabilidad de hacer su parte.

Ya me he referido a Matan, una organización que creé bajo el modelo internacional de United Way. Estas organizaciones ayudan a las empresas, tanto a nivel corporativo como a nivel de empleados, a hacer donaciones de acuerdo con su estrategia de donación corporativa y el conocimiento de sus necesidades.

La implementación de Matan en Banco Hapoalim, hace muchos años, fue una experiencia increíble. Me demostró lo que siempre creí, que el negocio es parte de la comunidad, y tiene un lugar a la hora de marcar la diferencia devolviendo una parte a la comunidad. Siempre he creído que la motivación, la emoción y la creatividad de los empleados aumentan cuando la gente forma parte de algo más grande que el simple quehacer diario. La gente quiere marcar la diferencia y contribuir, pero no siempre sabe cómo hacerlo. Cuando le muestras el camino, se pone a ello apasionadamente.

A través de un vehículo como Matan o United Way, la corporación puede otorgar fondos equivalentes a los fondos de los empleados que se están recaudando. Los empleados pueden hacer donaciones según lo que les dicte su corazón, ya sea por las mismas causas que la compañía elige o por algo totalmente diferente que esté más cerca de sus corazones. Puede ser una donación única o continua. Los empleados pueden donar parte de sus salarios, de su tiempo de vacaciones o de las bonificaciones que reciben. Hay muchas formas de donación, y todas son igual de valiosas.

Matan ha mostrado el camino a muchas compañías de todos los tamaños para hacer donaciones, cada una según lo que sea más adecuado para ellas. Con los años, el Banco Hapoalim se ha convertido en el líder de donaciones corporativas en Israel. Todas nuestras compañías de Arison Group, privadas, públicas y sin ánimo de lucro, donan en todos los círculos en los que trabajamos, en el mundo entero. Es sorprendente ver cómo el vehículo que proporciona Matan ha cambiado verdaderamente la cultura de las donaciones en Israel. Experimenté el mismo tipo de impacto motivacional hace años, involucrándome con United Way en Estados Unidos.

De todos modos, no importa qué vehículo usemos para organizar las donaciones corporativas, lo imprescindible es comprender que somos parte de una visión más amplia, y el impacto que tiene, ya sea grande o pequeño, es extremadamente importante. El voluntariado es otra forma de formar parte de ese impacto, y nuestro próximo capítulo explora cómo hacerlo.

Así las cosas, si te enfocas en cuidar al prójimo, tu entorno y su entorno, las personas, las organizaciones y las empresas de todo el mundo pueden ser verdaderamente parte de un gran obsequio. El regalo de un futuro mejor para todos nosotros.

Capítulo 11

Voluntariado

Voluntariado
*Acción basada en la fuerza interior y el amor altruista
hacia la comunidad.*

Sigue tu pasión

Los voluntarios más motivados son los que sienten pasión por la causa en la que participan. Entran en una organización sin ánimo de lucro y están dispuestos a comprometerse de una manera regular y constante. Los voluntarios pueden estar allí una vez a la semana durante dos horas, o una mañana dos veces al mes, por ejemplo, ayudar a una causa, a un grupo de personas o a un proyecto específico, como por ejemplo satisfacer las necesidades adicionales de un hospital, un jardín de infancia o un grupo de servicio social.

Cada voluntario se compromete personalmente para que las personas que reciben su ayuda o la organización sin ánimo de lucro puedan contar con ellos. La aportación de su tiempo y atención es muy valiosa, y muchas organizaciones sin ánimo de lucro dependen, en gran medida, de la amabilidad de los voluntarios para ayudarlos a cumplir su misión

97

y objetivos generales. Los voluntarios disfrutan al mismo tiempo porque saben que alguien los está esperando, y las tareas o la asistencia que ofrecen como voluntarios son vitales para la persona necesitada, la causa o ambas.

Debido a la importancia de la coherencia en el esfuerzo, no todos pueden comprometerse con el voluntariado. Había una causa en Israel de la que me enteré y me hubiera encantado formar parte. Busqué trabajo como voluntaria para esa causa específica con la que conecté profundamente. Necesitaban personas para ayudar a mantener y alimentar a bebés muy pequeños con discapacidades que habían sido abandonados. Sentí pasión por ser voluntaria en este tema, pero tenía que estar allí un número específico de veces por semana y nunca faltar a un turno, ya que estos bebés necesitaban el contacto humano y la seguridad de que iban a estar en manos de las mismas personas, de forma que se facilitara el vínculo entre ambos, para que pudieran sentirse seguros, cómodos y establecieran relaciones de apego.

Como viajo tanto para mi empresa por todo el mundo, con fines filantrópicos, no pude comprometerme como hubiese sido necesario, pero me alegro de que haya personas que puedan hacerlo, porque creo que para ser voluntario se necesita un nivel de responsabilidad y compromiso con aquellos a quienes se les ha prometido tiempo y ayuda. Aunque no pude comprometerme con esa causa específica, dedico mi tiempo a las donaciones y a crear cambios en todo lo que hago.

Hay muchas oportunidades para el voluntariado y se presentan en todas las formas posibles. No todas las actividades del voluntariado son intensamente personales o requieren un nivel de compromiso tan alto como el de los recién nacidos. Hay una causa que encaja con cualquiera que realmente desee dedicarle tiempo.

La clave es encontrar algo que te apasione y conectarte con una persona o grupo que necesita tu tiempo y talento.

La fuerza de trabajo

Lo que la gerencia puede hacer es alentar el voluntariado y apoyar activamente los esfuerzos de los empleados que desean hacer un trabajo comunitario. En mis empresas, es importante para mí que nuestros empleados quieran involucrarse con alguna causa, actuando de corazón, porque les apasiona el tema. No quiero que participen sólo porque creen que es obligatorio o porque sienten que serán juzgados si no lo hacen. Nuestra definición de voluntariado es «actuar para la comunidad, basándose en la fortaleza interna y el amor por los demás», así que eso es lo que desearía que tuviera la gente que se compromete.

Como líderes, creo que debemos inspirar, alentar y mostrar el camino, respetando las elecciones personales.

En cuanto a mí, trato de pensar en nuevas formas para ayudar o animar a nuestra gente a tomar la decisión de ser voluntarios por sí mismos, ya que entonces serán ellos los dueños de su decisión. Una vez que se conectan y se sienten bien con sus compromisos, es mucho más probable que se diviertan y continúen ayudando consistentemente con ese grupo de adultos mayores, niños, entusiastas del arte, animales, el medio ambiente o la causa general, sea lo que sea.

Como líder de un grupo, también trato de alentar a mis empresas a dedicar su tiempo a algún tema sobre el que tengan conocimiento. Por ejemplo, los empleados del banco pueden donar su tiempo brindando a la gente el conocimiento y las herramientas para alcanzar su propia libertad financiera. Los empleados de la compañía de bienes raíces e infraestructuras pueden dedicar su tiempo a la construcción, y el voluntariado podría consistir en algo tan simple como construir una rampa para las personas que van en silla de ruedas. Hay un montón de ideas que surgen cuando cada empresa u organización filantrópica se estudia a sí misma; por ello del mismo modo que recomiendo a los individuos que busquen esa fortaleza interior que puedan brindar a los demás, también lo pueden hacer las empresas. Por supuesto, hay muchos empleados que desean dedicar su tiempo a algo totalmente ajeno a su trabajo, y eso también es positivo.

El voluntariado desde el corazón

La participación en la comunidad fortalece los vínculos sociales y es una excelente manera de conectarse con personas que tienen intereses comunes a los tuyos. El voluntariado promueve el cuidado de los demás, que es un valor humano muy importante que olvidamos a veces por culpa de nuestras agitadas vidas y el ritmo infernal en el que nos vemos envueltos. Ayudar a otros que lo necesitan es una excelente manera de sentirse bien con uno mismo. Sé de muchas personas que se divierten poniéndose en forma, entrenándose y participando en carreras solidarias, porque te mantienen en forma y, al mismo tiempo, te permiten crear conciencia. Incluso ha habido estudios que demuestran que el voluntariado puede mejorar la salud física y psicológica.

Los voluntarios muchas veces tienen la oportunidad de descubrir nuevas habilidades cuando se comprometen con una causa y luego, dichos talentos se agregan a su propio conjunto de habilidades. Es una adición importante al currículum porque muestra una persona completa. Personalmente, cuando entrevisto a alguien para un puesto directivo que me representa en alguna de mis empresas, siempre tengo en cuenta los valores que tiene como persona junto con sus habilidades profesionales, y si colabora con la comunidad de algún modo.

En la actualidad, puedes ser voluntario en casi cualquier lugar del mundo. Las oportunidades para ejercer el voluntariado están al final de cada calle, en tu barrio, en tu lugar de trabajo, en tu centro social. Si viajas mucho, siempre hay causas con las que puedes contactar en cualquier país que visites. Tú o tus empleados podéis tener habilidades que resulten necesarias en los países en vías de desarrollo. Así que puedes usar tu tiempo, respaldado por tu empresa o en tu propio tiempo libre, para ofrecer tus habilidades en un proyecto de servicio especial que se necesite.

He visto la energía positiva, la felicidad y el entusiasmo que se crean en empleados cuando se ofrecen como voluntarios o se comprometen con una causa, y dicen que se sienten orgullosos de trabajar en un grupo que los apoya y alienta sus contribuciones.

Justo después de hablar con mi editor por teléfono, cuando ya estaba dispuesta a repasar este capítulo sobre el voluntariado, me pasó algo curioso. En un momento dado, me telefonearon y tuve que ir corriendo a una reunión fuera de mi oficina. Para ello me desplacé a otro edificio de oficinas y, cuando salí de mi reunión, en el ascensor de bajada había una pareja conversando. La mujer le dijo al marido: «¿No es alucinante que el médico se vaya a África cada seis meses para practicar cirugía como voluntario?». Siguió diciendo: «¿Sabes que es oftalmólogo?». Sonreí para mis adentros mientras salía del ascensor, pensando en la coincidencia de estar escribiendo sobre el voluntariado. Como vemos, uno puede ser voluntario en cualquier parte del mundo, de acuerdo con sus talentos, pasiones y tiempo.

El encaje perfecto

Estoy encantada con una organización que decidí patrocinar, llamada Ruach Tova, cuyo nombre se traduce como «buen espíritu». Cuando me propusieron donar el dinero inicial y un espacio de oficinas para poner en marcha esta organización, me encantó la idea de asociar voluntarios a organizaciones, así como de unir personas entre sí. Era algo tan simple como abrir una peluquería que corte el pelo gratis a quien no puede pagársela.

Ruach Tova desarrolló experiencia y una amplia gama de conexiones para hacer coincidir personas a través del voluntariado. Rápidamente se convirtió en el principal conector de voluntarios y organizaciones que se necesitan mutuamente en Israel. Con el tiempo, y dado el gran éxito de Ruach Tova, los adoptamos oficialmente para formar parte de nuestro grupo bajo The Ted Arison Family Foundation.

Pronto, las agencias de servicios sociales de todo el país se registraron en la organización a través de Internet, al igual que muchas organizaciones sin ánimo de lucro, tradicionales y otras, que dependen de los voluntarios para cumplir sus misiones y llevar a cabo sus acciones.

El enfoque de Ruach Tova es que todo el mundo tiene cabida, y se han mostrado muy creativos en la búsqueda de ubicaciones para cualquiera que realmente quiera ser voluntario. Por ejemplo, si un voluntario tiene una discapacidad de algún tipo, Ruach Tova busca la manera de que la tecnología lo ayude a desempeñarse en el voluntariado.

Tal vez llegue el día en que cualquier persona pueda ofrecerse como voluntario y, de ser así, recibirá ayuda para que aproveche al máximo sus aportaciones, aunque no sea más que un día. Su teoría es que un sólo día es mejor que nada y aunque algunos voluntarios sólo puedan dedicar un día aislado, otras personas aprovechan su servicio y deciden ser voluntarios en el futuro.

Un día, durante la práctica de mis ejercicios matutinos, tuve la idea de que todo el mundo puede hacer una buena acción, grande o pequeña, porque, como digo, incluso una sonrisa que ilumina el día de alguien es una buena acción. Me apetecía alentar a las personas a hacer una buena acción, cada una de acuerdo con sus deseos, y entendiendo que ya hay muchas personas y organizaciones que hacen el bien en todos los campos y en todos los ámbitos de la vida.

Llegué a la conclusión de que lo que teníamos que hacer era conectar la bondad para crear una masa crítica de personas que hicieran el bien. De esa forma, la conciencia aumentaría y los medios, al ser una poderosa fuerza para el cambio, ya no podrían ignorar el bien colectivo en el mundo.

El día de las buenas acciones

Cuando presenté la idea sobre el Good Deeds Day o día de las buenas acciones, en la oficina, el equipo de Ruach Tova se puso al frente para tomar la iniciativa y pidió ser la organización a cargo de las operaciones de este nuevo evento anual.

Cada año, el Good Deeds Day continúa creciendo y se ha convertido en un día internacional. En 2014 participaron más de 580.000 personas, que ofrecieron colectivamente dos millones de horas de voluntariado en todo el mundo. El Good Deeds Day se ha extendido a más de cincuenta países, donde cada cual hace una buena acción en beneficio de los demás o del planeta. Las ciudades, las empresas y las organizaciones salen en masa para ofrecerse como voluntarios en proyectos del día, lo que se suma a la camaradería y la vinculación dentro de esas comunidades y lugares de trabajo. Muchos trabajadores traen a sus cónyuges e hijos para ayudar a difundir la bondad, realizando actividades prácticas que realmente marcan la diferencia.

Las coordinadoras de voluntarios son más comunes ahora y es posible que tu propia comunidad tenga un servicio de coordinación de voluntariado al que puedas acudir si no sabes por dónde empezar. Te animo a que las conozcas o las invites a tu empresa para hacer una presentación ante el personal. Es posible que despierte un auténtico interés y tus empleados obtengan beneficios inimaginables ejerciendo el voluntariado por su cuenta o como grupo.

Así, cuando escuches hablar del Good Deeds Day, todos los años en el mes de marzo, a través de la televisión, la radio, las redes sociales o simplemente de palabra, únete a los miles de personas en el mundo que ya están colaborando y haciendo una buena acción a su manera. Lo bueno del Good Deeds Day es que es un ejemplo. En Ruach Tova hemos visto que la mayoría de personas que participan en el Good Deeds Day continúan trabajando como voluntarios durante todo el año.

Una fuerza de trabajo que se ofrece a sí misma

Los empleados del Banco Hapoalim han ofrecido su voluntariado a la comunidad desde la década de 1970, mucho antes de que Arison Investments asumiera el control de esta enorme organización. Sin embargo, a fines de la década de 1990, cuando comencé a promover activamente la responsabilidad social y brindar ayuda a la comunidad, a nivel corporativo, no podían imaginar de qué estaba hablando porque la mayoría de las empresas en aquel momento sólo se preocupaban por obtener beneficios.

En la actualidad podemos ver el gran cambio que se ha producido. El Banco Hapoalim ha estado a la vanguardia del cambio de mentalidad. En términos prácticos, el banco ha implementado la visión y los valores, paso a paso, durante todo el camino, a través de la organización. Con el tiempo, hemos visto que los niveles de compromiso voluntario aumentan constantemente. Es el resultado de un esfuerzo conjunto del banco para involucrar a más y más empleados con el fin que se impliquen en el voluntariado y desarrollen conscientemente nuevas asociaciones entre el banco y las organizaciones sin ánimo de lucro.

Este enfoque y sus correspondientes esfuerzos se han ido ampliando a lo largo de los años. En 2012, se estableció el puesto de coordinador comunitario para cada sucursal, una tarea de liderazgo para el miembro del personal que quisiera asumirlo, junto con su propio trabajo regular. Los coordinadores comunitarios facilitan las actividades de la comunidad en los diferentes ámbitos y fomentan el voluntariado. La iniciativa está teniendo mucho éxito.

En una encuesta del año pasado, más de una cuarta parte de los empleados del Banco Hapoalim, alrededor del 27 por 100, afirmaron ser voluntarios. Cuando se encuestó al público, incluidos los clientes del banco y los no clientes, la impresión más fuerte en las mentes del público es que el Banco Hapoalim se preocupa por las personas y la participación social, y que son socios de por vida. Hoy hay docenas de iniciativas voluntarias y comunitarias que se han convertido en sinónimo de la marca del banco.

Si bien muchos factores influyen en el éxito del banco, creo que su enfoque de responsabilidad social ha sido un importante contribución para que el Banco Hapoalim sea número uno entre los grandes bancos en Israel. Se reconoce que el banco afecta de una manera positiva a más de tres millones de personas.

El mecenazgo: voluntariado personal de alto impacto

Una de las oportunidades de voluntariado más poderosas que una persona puede ofrecerle a otra es convertirse en su mentor. Para los adultos jóvenes que están despegando en sus carreras, el valor de un modelo exitoso a seguir en su mismo campo es fundamental. Los jóvenes profesionales actuales buscan este tipo de conexión. Sé que éste puede ser un tema complejo y que requiere de mucho tiempo para ofrecer. Sin embargo, si eres el tipo de persona que quiere marcar la diferencia, convertirte en un mentor podría ser el camino adecuado. Existen acuerdos formales de tutoría, patrocinios de personas y organizaciones que hacen este tipo de cosas, pero las mejores relaciones surgen orgánicamente, entre alguien que tiene algo que ofrecer y alguien que busca esa educación.

Como líder empresarial que soy, considero que fomentar este tipo exclusivo de relación de voluntariado en la organización o industria es una acción progresista que aportará dividendos en el futuro. Muchos jóvenes estudiantes, de quienes podrías ser mentor, podrían convertirse en empleados valiosos más adelante. Estoy seguro de que la mayoría de las personas que han tenido la suerte de contar con un mentor en sus carreras apreciarán lo que han recibido y lo recompensarán en el futuro.

Aunque no puedo decir que sea una mentora en el sentido formal de la palabra, esto es, conocer gente específica en momentos concretos o impartir conferencias a estudiantes en universidades como lo hacen algunos de mis colegas, soy consciente de que ejerzo cierto mecenazgo por momentos, cada día, ya sea para mis hijos, los empleados que trabajan cerca de mí, o bien para todos mis empleados. Incluso con las personas que se acercan a mí a través de correos electrónicos, cartas o llamadas telefónicas, o con alguien que me para por la calle, siento la responsabilidad de ser una mentora. Recuerdo que quiero ser un ejemplo vivo del tipo de mundo en el que deseo vivir.

Cuando hablamos de ser un ejemplo personal, ¿hay algo más importante que el lenguaje y la comunicación? Eso es lo que exploramos en nuestro próximo capítulo.

Capítulo 12

Lenguaje y comunicación

ↄ⌀

LENGUAJE Y COMUNICACIÓN

*Serie de canales que facilita el envío y la recepción
de información sincronizada, auténtica, respetuosa y precisa,
lo cual permite entender los mensajes tal como son.*

ↄ⌀

Creando un mundo mejor

Aprendemos el lenguaje y la comunicación desde el momento en que nacemos. Incluso antes de eso, se dice que los bebés reconocen las voces de sus madres. A medida que crecemos, el lenguaje y la comunicación afectan a nuestra vida cotidiana y nos impactan directa y profundamente. Incluso antes de que los bebés aprendan a hablar, distinguen el sonido de las palabras y sienten la comunicación de sus padres a través del tacto, la emoción, la energía, las canciones de cuna y el parloteo de bebé. Y así es a lo largo de nuestras vidas, donde se producen muchos niveles distintos de comunicación que van más allá de la palabra hablada. En nuestra propia definición de este valor, dentro del Modelo *Doing Good*, llamamos a estos niveles «serie de canales que facilitan el envío y la recepción de información».

En nuestras interacciones diarias, nos comunicamos a través del campo energético que nos rodea cuando interactuamos con los demás; ellos pueden sentir si somos sinceros en lo que decimos y, al mismo tiempo, nosotros podemos sentir si ellos responden de una manera auténtica. Todos sentimos emociones que entran en juego y tenemos patrones de comunicación que aprendimos desde niños. Luego, existen diferentes normas culturales y sociales que afectan a la forma en que nos comunicamos con los demás. Esto se suma a una amplia gama de canales que utilizamos para dar y recibir mensajes diariamente.

El objetivo del modelo es garantizar que lo que estamos pensando, lo que sentimos y lo que decimos concuerden. Por eso debemos ser conscientes de si los mensajes que enviamos se reciben como queremos. Con el mundo cada vez más transparente, quienes te rodean verán la verdad tal como es. Si no eres auténtico y coherente, tus mensajes pueden ser mal interpretados.

Opino que si queremos crear un mundo mejor, debemos empezar mejorando la conversación. Ésta comienza con una discusión con uno mismo y se va adentrando en nuestras relaciones. La elección de las palabras refleja la propia conciencia. Si tenemos una conciencia superior, ésta se verá claramente en nuestro discurso y en cómo vivimos nuestras vidas.

A través de las comunicaciones atentas, podemos construir puentes y conectarnos con quienes nos rodean de una manera positiva.

El poder de la palabra hablada

Las palabras tienen el poder de enaltecer personas o derribarlas. No creo que la gente sea verdaderamente consciente de cómo sus palabras y su estilo de comunicación afectan a los demás. Si bien no podemos controlar cómo reciben los mensajes nuestros interlocutores, podemos sensibilizarnos y hacer todo lo posible para resultar auténticos y reflexivos con respecto a todo cuanto decimos. No importa si hablamos directamente a las personas o si hablamos de ellas cuando no están presentes, el mensaje se recibe, la gente puede sentirlo.

Otra habilidad para practicar es la escucha activa, mediante la cual la persona toma conciencia de las reacciones que recibe de quienes le rodean. Si alguien te dice: «vale» y, sin embargo, su vibración te indica que en realidad no vale, se genera confusión y la comunicación falla. Al escuchar activamente todos sus canales, puedes saber si tus mensajes se reciben de la manera prevista. Así, el lenguaje y la comunicación implican tanto hablar como escuchar, teniendo ambas cosas la misma importancia.

Cuando los canales de comunicación están abiertos y funcionan bien el resultado es siempre positivo, pero el caos aparece cuando no funcionan. Creo que no hay una sola persona en el mundo que no haya tenido que lidiar con los resultados de una comunicación deficiente en algún momento de su vida, pero, una vez más, si miras hacia atrás, también es probable que muchas otras veces hayas sido capaz de conectar profundamente con alguien, o hayas tenido una reunión realmente productiva y la comunicación fuera fluida. Cuando la comunicación es correcta, las cosas hacen «clic».

Si deseas tener mejores relaciones en todas las áreas de tu vida, creo que todo empieza con el lenguaje y la comunicación. Cuando aprendemos a comunicarnos para que el resultado sea positivo, pacífico y feliz, todos salimos ganando.

Todo esto es muy evidente en nuestras relaciones personales, pero también es particularmente cierto en el mundo de los negocios. En el lugar de trabajo, cuando se tiene que lidiar con comunicaciones difíciles, el proceso es agotador. Se pierde un tiempo precioso al tratar con la política de la oficina, intentando limar asperezas y hacer las paces entre las personas y los departamentos que, simplemente, no se están comunicando de una manera eficaz. Con demasiada frecuencia, el lenguaje se usa de una forma perjudicial para servir al ego. Muchas veces, ves a personas mayores hablando y actuando como niños de cinco años. Estas reacciones, aunque naturales, se pueden cambiar.

Para conseguir que se vuelva a ser productivo y creativo en el trabajo, me gustaría alentar a las personas de un equipo a que puedan hablar de manera directa y veraz, sin dejar de preocuparse y ser profesionales. Estas personas son conscientes de cómo usar el lenguaje y la comunicación para construir, conectarse y ser productivo.

La melodía de la comunicación

Tal como he mencionado, cuando hablé sobre los egos y sobre los niños de cinco años, ésa era la norma en mi negocio también. Cada día, veía a gente que se lastimaba, personas que culpaban a otros y sus egos que se elevaban cuando se sentían acorraladas. Las voces eran más altas de lo conveniente y, de vez en cuando, se podían escuchar los gritos en los pasillos. Al igual que en muchas otras oficinas, el área de café era conocida por los chismes que en ella se contaban. Seguro que todo el mundo sabe de lo que estoy hablando.

Soy consciente de que el cambio tiene que empezar por uno mismo, por dentro, y eso significa que el cambio en el mundo de los negocios tenía que iniciarse dentro de mi propio negocio. La situación mejoró cuando centré mi atención en contar con personas que tuvieran la misma visión y la vivieran con autenticidad. Con respecto a quienes no lo hicieron, se produjo una separación natural. Quería que todos, en nuestro grupo, se dieran cuenta de que pueden ser profesionales y prósperos, al mismo tiempo que amables y respetuosos consigo mismos y con los demás.

El Modelo *Doing Good* transformó completamente nuestro entorno. Nuestra organización está ahora compuesta por personas de las que me enorgullezco de decir que son mis socios en la creación de cambios positivos en todo lo que hacemos y en todos los lugares donde trabajamos.

Me gustaría contarte una historia que me recordó lo lejos que hemos llegado, cómo nuestro lenguaje y comunicación, tanto interna como externamente, han cambiado por completo. La historia tiene que ver con un antiguo proveedor de nuestras oficinas que quería tener la oportunidad de hacer negocios con nosotros una vez más. Llamó a una de mis gerentes y le pidió, en tono agresivo, trabajar con nosotros.

Este hombre le gritó a mi gerente, haciendo todo tipo de acusaciones, y le exigió que restableciera sus servicios. Su lenguaje irrespetuoso podría haber sido aceptable en el pasado, pero mi gerente ya se había acostumbrado a la forma en que hablamos entre nosotros y el tono del proveedor le resultaba irritante. Inmediatamente vino a mí, sabiendo que yo conocía al proveedor del pasado, y me describió cómo se sentía. Estaba angustiada y no sabía qué hacer ni cómo responderle. No habíamos escuchado esos gritos en mucho tiempo, ni estábamos acostumbrados a tratar con hombres como ese tipo, lleno de ira, agresividad y culpa. Tranquilamente le transmití que, en lugar de angustiarnos, deberíamos considerarlo de una manera positiva, entendiendo hasta qué punto hemos llegado. En el pasado, no hubiéramos pensado nada al respecto. Ese tipo de broncas era algo habitual, pero hoy, con un ambiente tranquilo, pacífico, profesional y respetuoso, su voz parecía un martillo neumático. La melodía a la que nos hemos acostumbrado es agradable, mientras que su griterío era insoportable. Le dije que volviera con el proveedor y le explicara que ésa no es la manera en que nos comunicamos ahora. Nuestras puertas siempre estarán abiertas para quienes quieren hacer negocios con nosotros de una forma respetuosa, profesional y pacífica.

Después de esa conversación, pensé que era maravilloso que la nueva música en nuestro entorno de trabajo estuviera llena de camaradería, diversión, creatividad y unidad.

Nuestro equipo no quiere hacer negocios a la vieja usanza nunca más y este ejemplo ilustra cómo la cultura corporativa ha ganado terreno internamente en el Grupo Arison, hasta el punto en que se requieren esos mismos estándares de comunicación adecuada y respetuosa por parte de todas las personas con las que trabajamos, incluidos nuestros proveedores externos.

Cambiar verdaderamente la cultura corporativa

Mi pasión es presentar un modelo basado en valores interiores y de manera general. Para hacerlo teníamos que encontrar la forma de inculcar dichos valores en términos prácticos, no sólo teóricamente. Los dos presidentes de mis negocios y de mis organizaciones filantrópicas sugirieron que introdujésemos varios valores a la vez a través de los foros que se habían creado. Yo, insistente como soy, continué expresando mi deseo de que el modelo se integrase por completo, con sus trece valores. Para nuestra sorpresa y deleite, después de participar en los primeros foros ¡nuestros empleados querían más!

Un ejemplo de ello sucedió en Salt of the Earth. El gerente tomó la iniciativa en aplicar el valor del lenguaje y la comunicación, y yo estaba emocionada y orgullosa de saber que el tema les interesaba. No esperaron a que estableciéramos un foro de lenguaje y comunicación (que ahora sí existe) porque ya sabían lo importante que era este valor para su funcionamiento, y al ser parte del modelo, lo ejecutaron.

Así es como sucedió. Dentro de Salt of the Earth, los gerentes eligieron utilizar este valor como un desafío para introducir la cuestión de la diversidad entre los empleados. Muchos trabajadores se pasan el día trabajando uno al lado del otro y se comunican entre ellos, pero pueden provenir de culturas diferentes, hablan distintos idiomas, incluidos el hebreo, el árabe, el inglés, el ruso y muchos otros idiomas europeos.

Tan pronto como el equipo directivo de Salt of the Earth comenzó a introducir el tema del lenguaje y la comunicación, y presentó un taller de gerencia sobre estos principios, se produjeron las mejoras. Ahora se ha filtrado desde los mandos superiores a los intermedios y a toda la fuerza de trabajo, de manera que todos comprenden cómo los distintos niveles y estilos de comunicación afectan al entorno laboral.

Para los administradores saber cómo y por qué los mensajes pueden malinterpretarse ha marcado una notable diferencia y, en consecuencia, han cambiado su enfoque y sus prácticas. Por lo tanto, a pesar de contar con unos recursos humanos muy diversos, hay más respeto, tolerancia y comprensión dentro de la organización y se necesita menos tiempo para resolver malentendidos y confusiones.

Siempre me refiero al efecto dominó y, en este caso, las noticias de Salt of the Earth se extendieron rápidamente al resto del grupo, lo que aceleró las cosas para crear un foro general de lenguaje y comunicación. Aunque hasta ahora no me he reunido con este foro, es sorprendente ver el entusiasmo y las grandes ideas que surgen de él.

Por ejemplo, los participantes están trabajando en una especie de diccionario de traducción positivo, con ideas que fluyen de los empleados de todas nuestras entidades comerciales y organizaciones sin ánimo de lucro, sobre cómo podemos cambiar nuestro lenguaje de negativo a positivo. Se incluirán palabras y frases. Algunas de las sugerencias son: en lugar de decir, por ejemplo, «no hay problema», podemos decir, «es oportuno». En lugar de decir, «no puedo» o «no quiero», se puede decir: «lo estudiaré» o «quizás podríamos buscar otro enfoque». En lugar de decir: «no puedo estar allí a las cinco de la tarde», se puede decir, «podré llegar a la seis». Ahora los participantes se divierten creando un nombre para el diccionario. Lo bueno es que una simple conversación sobre este valor produce cambios.

El efecto onda

En una ocasión, tuvimos un joven que estuvo trabajando para nosotros hace unos años en nuestro departamento de marketing y comunicaciones. También trabajó como gerente de proyectos en nuestra fundación familiar, pero se marchó a otra empresa justo antes de que comenzáramos la implementación del Modelo *Doing Good*. Sin embargo, estuvo involucrado en varios aspectos de la comunicación mientras trabajábamos en equipo para crear las definiciones de los valores. Hasta ahora se ha mantenido en contacto con nosotros, y es una maravilla ver cómo ha utilizado todo lo que aprendió en el Grupo Arison y lo ha sabido implementar en su nuevo trabajo.

Él trabaja en una de las plataformas de medios más exitosas en Israel. Le pedí que compartiera con nosotros una historia, una que ilustrase cómo los valores con los que trabajó están logrando que nos expansionemos hasta el punto de alcanzar unas audiencias completamente nuevas.

Así es como lo explicó: «Hace aproximadamente dos años, comenzamos a trabajar en el rediseño de la edición de noticias. Estábamos probando diferentes formas de dar un nuevo formato a las noticias y empecé a pensar en cómo romper los límites del formato actual. Quería lanzar al público la idea de que no todas las noticias son malas. Sabía, por mi trabajo anterior en el Grupo Arison, que continuamente se están haciendo buenas obras, pero los noticiarios rara vez informan de esos temas. Generalmente, cuando las personas ven las noticias, todo son muertes, desastres y catástrofes. Le propuse al gerente general la posibilidad de cerrar de manera positiva cada noticiario –explica–. Al gerente le encantó la idea de inmediato y todos los editores recibieron instrucciones para buscar un "informe de buenas noticias" para concluir cada transmisión, como último elemento».

Los medios de comunicación siempre han sido bastante tradicionales en la cobertura de noticias, por lo que este tipo de decisión editorial fue realmente impresionante. Se necesita una creatividad distinta para encontrar e informar sobre buenas noticias. No obstante, la gente aceptó gustosa este nuevo enfoque. De esta manera, ese medio de comunicación concreto está entrenando a los periodistas para que abran sus mentes y vean no sólo sucesos, sino también la bondad de la sociedad y aprender a informar sobre todo tipo de historias.

Este joven sonrió cuando pensó en la iniciativa que había presentado, al darse cuenta de dónde provenía esa mentalidad. «Esta anécdota se relaciona con el tipo de enfoque al que estuve expuesto cuando trabajaba en el Grupo Arison, especialmente durante las reuniones internas que tuvimos con la propia Shari –recuerda–. Creo que los mensajes a los que estuve expuesto eran casi como un "chip" plantado en mi cabeza, pero en el buen sentido».

Cambiado al nacer: comunicar sin decir una palabra

Hay una serie de televisión que me encanta, titulada *Switched at Birth*. Se estrenó en Abc Family Channel en 2011 y ahora se encuentra en su cuarta temporada. Es un espectáculo familiar que gira en torno a las vidas de dos adolescentes que fueron cambiadas al nacer en el hospital, por error, y que crecieron en situaciones familiares muy diferentes.

Cuando estas dos chicas se conocieron a la edad de dieciséis años, terminaron convirtiéndose en hermanas, compartiendo dos grupos de padres, donde una familia tuvo que aprender repentinamente el lenguaje de señas americano (ASL) para comunicarse con su recién descubierta hija biológica, que se había quedado sorda siendo pequeña. La serie presenta no sólo las complejas dinámicas familiares, sino también el impacto en las amistades, la escuela y cómo se pueden relacionar oyentes y no oyentes.

Descubrí por Internet que ésta era la primera serie de televisión convencional que empleaba, de manera recurrente, actores sordos o con problemas de audición. Disfruté de episodios que presentaban escenas sólo con lenguaje de señas. De hecho, estaba sorprendida de ver que un episodio completo se rodara así, sin una palabra hablada. En su lugar, se basaron en el lenguaje de señas, la música, las expresiones faciales y las emociones para transmitir la historia. Realmente me conmovió y experimenté un mundo del que no soy parte de una manera extraordinaria.

Me conmovió profundamente este episodio y la serie en general. Mostraba cómo los medios de comunicación pueden crear un contenido tan atractivo y tan fiel a la vida, al tiempo que es satisfactorio de ver. Literalmente, me metí en sus vidas. Para mí, toda la serie ha tenido un gran impacto, ilustrando lo que se puede lograr cuando un canal de televisión, productores, escritores, actores y un equipo profesional completo se comprometen en transmitir mensajes que a veces cambian la vida de los espectadores y consiguen un impacto positivo. En este caso, nos brindó la posibilidad, a mí y a miles de televidentes, de echar una mirada a un mundo invisible para algunos de nosotros, y nos ayudó a comprender las fortalezas y debilidades con las que personas sordas o con problemas de audición se tienen que enfrentar.

El impacto positivo que acabamos de ver, creado por algunas personas en el campo de los medios de comunicación, puede ser reproducido en cualquier otro campo en el que uno trabaje. Creo que cualquier familia, empresa, organización, medios, comunidad, país, planeta etc. (en otras palabras, todos los ámbitos de la vida) se pueden construir o destruir según nuestro lenguaje individual y colectivo, según nuestras habilidades de comunicación. Es mi deseo transmitir este mensaje, con la esperanza de que la gente ponga su mente, su corazón y sus actos en la comunicación, de manera que construyamos un futuro pacífico y próspero para todos nosotros. Por eso, nuestro próximo valor es la sostenibilidad.

CUARTA PARTE

ACTIVA TU BONDAD: UN ALCANCE MÁS AMPLIO DE LA INFLUENCIA

Capítulo 13

Sostenibilidad

ᕙᕚ

SOSTENIBILIDAD

Proteger y mejorar la existencia a través del equilibrio económico, social y ambiental, para nosotros y para las generaciones venideras.

ᕙᕚ

Definir la sostenibilidad

Después de muchos años hablando sobre sostenibilidad, cuando nadie sabía de qué estaba hablando, ahora no sólo se entiende el concepto ampliamente, sino que se define de muchas maneras distintas. La sostenibilidad consta de una variedad de elementos necesarios para una amplia gama de personas y organizaciones. Durante mucho tiempo, cualquiera con quien hablase pensaba que mi objetivo y la misión de mi vida era la sostenibilidad. Sin embargo, he dicho y continúo diciendo que, aunque la sostenibilidad es una parte importante de mi enfoque, mi visión general cuenta con muchos más elementos, de los que ya hemos ido hablando en este libro sobre el Modelo *Doing Good*.

Nuestra definición de sostenibilidad, a la cual llegamos en nuestro colectivo es «proteger y mejorar la existencia a través del equilibrio económico, social y ambiental, para nosotros y para las generaciones venideras».

La Wikipedia define la sostenibilidad de esta manera: «La sostenibilidad es la resistencia de los sistemas y procesos. El principio organizativo para la sostenibilidad es el desarrollo sostenible, que incluye cuatro dominios interconectados: ecología, economía, política y cultura».[1]

El *Financial Times Lexicon,* que es la fuente definitiva de términos comerciales, explica la sostenibilidad de esta manera: «La sostenibilidad empresarial a menudo se define como la gestión del resultado final: un proceso mediante el cual las empresas administran sus obligaciones y riesgos financieros, sociales y ambientales, así como las oportunidades. Estos tres impactos a veces se denominan ganancias, personas y planeta».[2]

La sostenibilidad puede ser muy diferente entre personas, empresas y organizaciones. Cada entidad la enfoca adaptándola a su propia visión individual. Para una persona, podría ser el reciclaje. Para un banco, los préstamos sostenibles. Una empresa de transporte podría centrarse en la energía renovable. Las empresas de construcción pueden centrarse en materiales ecológicos que respeten la naturaleza. Una empresa de alimentos podría poner énfasis en los derechos de los animales y la comida ecológica. Como vemos, hay infinitas posibilidades para la sostenibilidad y muchos aspectos diferentes del cuidado del triple resultado final: personas, planeta y ganancias.

En este punto de la evolución humana, se está desarrollando una conciencia social en la que las personas se dan cuenta de que es importante observar los efectos a largo plazo de nuestros actos. El mundo busca activamente soluciones sostenibles y descubre que el negocio es una plataforma poderosa para la acción positiva, como una forma de impactar a los individuos, la sociedad y el planeta, con la misma consideración para todos.

Dentro del Grupo Arison, el valor de la sostenibilidad se aplicó por primera vez en Shikun & Binui, ya que ésa es la visión de la compañía. Shikun & Binui es nuestra empresa global de infraestructuras e inmobi-

---

1. http://en.wikipedia.org/wiki/Sustainability (fecha de acceso: 31-12- 2014).
2. http://lexicon.ft.com/Term?term=business-sustainability (fecha de acceso: 31-12- 2014).

liaria, que construye proyectos sostenibles en todo el mundo. La compañía también educa a sus empleados sobre las razones por las que es tan importante, para que sepan que forman parte de algo más grande.

La implementación de prácticas sostenibles es transformadora, y nuestras compañías continúan ganando prestigiosos premios y certificaciones reconocidas a nivel mundial. Por ejemplo, la mayoría de nuestros proyectos de desarrollo inmobiliario en Israel se han construido de acuerdo con los principales estándares ambientales locales y globales. Algunos incluso están diseñados y construidos de acuerdo con el Gold Standard de LEED (Liderazgo en Energía y Diseño Ambiental), que es un sistema de calificación estadounidense altamente respetado para el diseño, la construcción, la operación y el mantenimiento de edificios, casas y vecindarios ecológicos. LEED es una iniciativa del Green Building Council de Estados Unidos (USGBC).

En 2013, Life and the Environment, la organización sombrilla Israelí de ONG ambientalistas (organizaciones no gubernamentales), otorgó a Shikun & Binui su Green Oscar, también conocido como Green Globe, para reconocer los logros sobresalientes de la compañía en lo que respecta a la protección ambiental en Israel y sus iniciativas de negocios verdes. Shikun & Binui fue la primera compañía en Israel, de su tamaño y magnitud, en ganar ese premio.

La sostenibilidad en proyectos a gran escala

En Shikun & Binui y en Miya, la atención se centra siempre en asegurar que nuestros proyectos de construcción, infraestructuras y agua se lleven a cabo de manera totalmente sostenible. Aunque nuestra intención es constante y nuestro conocimiento es amplio, estos proyectos son muy complejos. Trabajamos en diferentes países con diferentes culturas, idiomas y desafíos. Queremos que todos nuestros proyectos beneficien a todas las partes. Eso también incluye el medio ambiente, las personas que viven en las áreas específicas, la capacitación local, el empleo, y mantener los proyectos sostenibles durante muchos años.

Éstos son sólo algunos ejemplos de cómo aplicamos los principios de sostenibilidad y entregamos más de lo que exige el contrato, haciendo lo que es mejor para el medio ambiente. Los gobiernos y los ciudadanos de los países emergentes pueden beneficiarse enormemente del conocimiento y la innovación que aportan las empresas mundiales que participan en proyectos a gran escala. Consideramos todas las ramificaciones implicadas en la construcción de una carretera, la construcción de un puente o la restauración de un sistema de suministro de agua. Una amplia gama de posibles impactos se investigan con detalle y se consideran por adelantado, antes de que se realice cualquier trabajo en dichos proyectos a gran escala, o de cualquier tamaño en realidad. Asimismo, abordamos cada trabajo desde una perspectiva basada en los valores y buscamos formas de añadir valor a la comunidad local, al tiempo que protegemos sus valiosos recursos naturales.

Con mucha frecuencia, incorporamos al contrato actividades específicas de preservación natural que sabemos tendrán que hacerse para proteger el medio ambiente durante el proyecto general. Quizás haya depósitos que deberán ser drenados por un período de tiempo y rellenados después; puede ser complejo pero no imposible. Puede que sea necesario derribar árboles y, de ser así, se reemplazarán con árboles nuevos al final, o cuando sea posible, los árboles maduros se desenterrarán primero y se trasladarán a un lugar temporal durante un tiempo determinado, para que la empresa pueda moverlos y regresarlos a sus sitios originales justo antes de que se complete el proyecto.

En muchos proyectos, la capa superior de suelo fértil se retira cuidadosamente y luego se reemplaza, una vez que se completa la construcción o el trabajo de restauración. Este suelo fértil es muy importante para la comunidad en el futuro, por lo que se toman todas las precauciones para preservarlo para su uso posterior. Del mismo modo, los hábitats naturales de animales y las vías fluviales se conservan con todo el cuidado que sea posible. No es inusual que los equipos de construcción en Shikun y Binui descubran enormes agujeros en el paisaje que podrían haber sido causados por grandes proyectos de construcción que otras compañías realizaron en el pasado, antes de que nosotros entremos en escena. Si un contratista anterior no trató el daño causado en el paisaje, en años pasados, la compañía hace un alto para rellenar adecuadamente dichos agujeros, a fin de que no planteen preocupaciones de seguridad para los residentes actuales o futuros. Una vez que salimos de un proyecto, deseamos que todo quede de la mejor forma posible, porque nos preocupa el impacto en la comunidad local y el entorno natural.

Un hábitat extraordinariamente natural

Las operaciones de Salt of the Earth son impresionantes en muchos sentidos, pero lo que más me gusta de esta compañía es que los empleados entienden y respetan su estrecha conexión con el mundo natural, y han creado un lugar donde pueden vivir los animales, la naturaleza y los seres humanos en armonía, mientras se realiza el trabajo del día.

La compañía produce sal mediante un proceso natural y limpio de vaporización solar de piscinas de agua de mar en el suelo. Con el tiempo, ha creado un santuario de aves y animales alrededor de estas piscinas y, cada año, miles de aves acuáticas migran de forma natural a las piscinas, donde anidan y prosperan. Salt of the Earth ha desarrollado relaciones de cooperación con el centro internacional de observación de las aves, la sociedad para la protección de la naturaleza en Israel y la autoridad de parques naturales de Israel para fomentar la preservación del hábitat, no sólo para las aves, sino también para las tortugas marinas y otras especies.

Se anima a los escolares y visitantes de todas las edades a combinar la observación de las aves con otras actividades naturales, desde puntos de observación recientemente desarrollados y ubicados alrededor de las piscinas de agua salada. Desde estos puntos de observación, se puede observar a una gran variedad de aves, incluidos patos, chorlitos, lavanderas amarillas y golondrinas de mar. Además, es posible que se vea una bandada de flamencos, que es algo realmente increíble, y las acacias del oeste brindan refugio a una gran variedad de aves cantoras.

Salt of the Earth ha cuidado, el desarrollo de sus procesos de producción de una manera segura y respetuosa con el medio ambiente. La compañía no usa químicos ni toxinas en el proceso de refinación y los estanques están sellados para que los acuíferos subterráneos estén protegidos. La compañía también ha desarrollado estos estanques sobre lo que era tierra no agrícola, transformando así la tierra del desierto en tierra productiva.

El proceso de producción de la sal en Salt of the Earth utiliza el viento y el sol como principales fuentes de energía para la producción de combustible, lo que reduce el impacto del carbono en el medio ambiente y el aprovechamiento de la energía limpia para desarrollar sus actividades. Todas estas elecciones tienen un impacto positivo en el medio ambiente y regeneran las tierras improductivas de forma que se atrae a los animales naturales a un paisaje nuevo y productivo.

La banca sostenible

Me interesan las diversas formas que las compañías de nuestro grupo encuentran para aplicar los principios de la sostenibilidad. Una nueva iniciativa en el Banco Hapoalim toma la idea de la sostenibilidad y la aplica al proceso de préstamos bancarios. Se plantea un enfoque concreto en la gestión de problemas de crédito para que los clientes lo vivan de una manera sostenible.

Cuando los clientes se atrasan en sus pagos, la forma tradicional de lidiar con esto era que el banco remitiera el asunto a un proceso de cobro forzoso e involucrara a un abogado para forzar a los clientes a pagar su deuda. El banco se dio cuenta de que ésta no es una forma particularmente sostenible de hacer negocios. Los clientes tienden a no regresar al banco en el futuro si se presentan procedimientos legales contra ellos en relación con sus problemas de deuda.

Así que el Banco Hapoalim se propuso encontrar una solución más sostenible y humana, una que fuera mejor a largo plazo para todos los interesados. Decidieron hacer un cambio en los procesos orientados a la captación, recuperación y conservación del cliente. La idea era que emprender acciones legales o cancelar las tarjetas de crédito de alguien podría servir para recuperar parte de la deuda pendiente, pero en realidad esto es «pan para hoy y hambre para mañana», es algo que no mejora en absoluto la situación financiera a largo plazo de la persona deudora.

Entonces, para empezar, el banco formó a los gerentes acerca de este nuevo enfoque, en el que los empleados bancarios entenderían la responsabilidad del banco a la hora de ayudar a los clientes con dificultades y de crear soluciones beneficiosas para todos, en lugar de iniciar acciones unilaterales, como había sido la práctica habitual.

En lugar de hacer una llamada a un cliente para solicitar el pago inmediato de lo adeudado, el banco se comunica con los clientes para explorar las razones del problema y estudiar cómo pueden ayudarlo. A menudo, sucede que el cliente simplemente no sabe cómo administrar sus finanzas o por algún acontecimiento inesperado, como la pérdida repentina de un empleo, un divorcio problemático, serios problemas de salud, accidentes u otras dificultades.

Soluciones para un futuro sostenible

La transición al nuevo enfoque ha demostrado ser muy exitosa. Los clientes responden bien cuando se les da una serie de opciones, herramientas y conocimientos. Se les ofrece ayuda en forma de aplicaciones para el móvil, recursos en webs, asesoramiento sobre administración de presupuestos y otros servicios educativos que les permitan tomar decisiones informadas que los ayuden a hacerse cargo de su propia libertad financiera.

A los empleados del banco se les dan más oportunidades y soluciones creativas para ofrecer a los clientes, en un esfuerzo por ayudarlos realmente en momentos difíciles. Para los casos muy complicados, se creó un equipo de profesionales especializados en buscar soluciones complejas con el cliente, ideando una amplia gama de salidas y herramientas para que el cliente pueda sobrellevar sus problemas financieros, al tiempo que se le fideliza a largo plazo.

La retroalimentación ha resultado ser muy positiva con la puesta en marcha de esta nueva iniciativa. En la sucursal de Holon, por ejemplo, se ha producido un aumento considerable en el nivel de satisfacción del cliente con respecto a la calidad del servicio, así como la satisfacción general con los servicios bancarios. También ha disminuido la deuda de descuento, que es un instrumento de deuda emitido a un precio inferior a su valor nominal. Junto con esto, el nivel de riesgo del banco ha mejorado, y hubo un aumento en el rendimiento del crédito. Se transfirieron menos clientes a las listas de morosos, y la sucursal se dio cuenta de que los familiares de dichos clientes satisfechos elegían realizar operaciones bancarias en el Banco Hapoalim.

El círculo de vida

Otro ejemplo estupendo de prácticas sostenibles sobre el que he tenido noticia recientemente vino de Ravit Barniv, quien fue presidenta de Shikun & Binui, del Grupo Arison. Ahora es presidenta de la compañía de alimentación más grande en Israel. Pidió reunirse conmigo para explicarme cómo implementó la educación sostenible que absorbió de nuestro grupo, y cómo lo estaba sacando adelante para crear sostenibilidad en la compañía a la que se había unido.

Estaba emocionada por compartir su experiencia conmigo y explicarme cómo aplicó sus conocimientos a una industria del todo diferente, y yo estaba igualmente emocionada al escuchar sus logros. Para mí, el verdadero éxito reside en el impacto que tiene en los demás y en su entorno. Saber qué impacto tiene nuestro enfoque en la implementación de valores en el ámbito de los negocios, incluida la sostenibilidad, es una verdadera validación. ¡Es lo mejor!

La empresa que Ravit lidera ahora es Tnuva, que prácticamente se encuentra en todos los hogares de Israel en forma de productos lácteos frescos y otros artículos alimenticios. Ravit describió cómo los diversos aspectos de sus operaciones y cadenas de suministro se han vuelto aún más integrados y sostenibles que antes, formando un círculo de vida que reafirma todo lo que las prácticas comerciales positivas y estratégicas pueden conseguir.

Su historia se inicia en una granja láctea de un kibbutz, que suministra materia prima a la planta de producción láctea para crear su requesón y sus quesos blancos. La fábrica, que también es propiedad del kibbutz, suministra a una planta local de producción láctea recipientes plásticos de requesón, que ahora son reciclables.

Mientras se elaboran los productos lácteos, el suero se produce como un subproducto natural. El suero de leche se transfiere a otra fábrica local, donde se extraen la lactosa y las proteínas para su uso y cualquier suero restante se elimina a través de las aguas residuales.

Luego, las aguas residuales se dirigen a una gran instalación de purificación de agua, que fue establecida por la empresa láctea, donde la mezcla de suero y agua se convierte en agua reciclada. El agua recuperada se utiliza para el riego de campos de maíz en el kibbutz original. El maíz que se cultiva se vende a Sunfrost, la compañía líder de verdura congelada en Israel y subsidiaria de la compañía láctea. Las mazorcas de maíz sobrantes se convierten en alimento para el ganado del kibbutz.

Ravit también me habló del cuidado de la cadena alimentaria en general, incluyendo cómo se crían los animales. Ahora entiende la importancia del círculo de la vida en el que todos desempeñamos un papel activo. Añadió que ahora está liderando una empresa pública y que todo requiere un poco más de tiempo y requiere su proceso, cosa que por supuesto entiendo.

No tengo dudas de que la mayoría de las personas que trabajan en mi grupo, aunque se hayan trasladado a otras compañías, llevan consigo los valores y continuarán haciendo crecer círculos de liderazgo basados en los valores, la sostenibilidad y el impacto positivo. Todas esas personas aportan un valor añadido a la humanidad, valor del que hablaremos a continuación.

Capítulo 14

Valor añadido para la humanidad

ೕ

VALOR AÑADIDO PARA LA HUMANIDAD
*Coraje y habilidad para conseguir un mundo mejor
mediante la conexión de pensamiento, emoción y acción,
así como la realización del potencial universal.*

ೕ

La profundidad de un valor

Considera la profundidad de estas palabras: «coraje y habilidad para conseguir un mundo mejor mediante la conexión de pensamiento, emoción y acción, así como la realización del potencial universal».

Esta definición de valor añadido para la humanidad se creó colectivamente, como ocurrió con todos los demás valores. Este valor específico proviene de la visión de Arison Investments. Sin embargo, me gustaría dar mi propia perspectiva individual al dividir la definición en partes.

¿Por qué «coraje»? Entiendo que se necesita un coraje extremo para liderar una visión que se adelanta a su tiempo. No importa cómo lo expliques, la gente no lo entiende al principio. Se necesita coraje para conectarse con la propia verdad e ir a contracorriente. Pero puedo decir que, al final, vale la pena.

¿Por qué «habilidad»? Uno tiene que saber lo que es capaz de lograr. Puede que yo quiera ser una cantante de ópera, pero si no tengo una buena voz, no será posible. Por lo tanto, en los negocios, o en cualquier otro campo, se necesita visión al mismo tiempo que habilidad. ¿Tienes los recursos que necesitas? ¿Cuentas con las personas adecuadas? ¿El ambiente es el correcto? ¿Cuál es tu fuerte?

En mi opinión, la conexión entre pensamiento, emoción y acción es extremadamente importante. El pensamiento es la intención. ¿Qué es lo que quieres lograr? La emoción te coloca en el lugar correcto, desde el corazón, desde la prudencia, desde la voluntad para marcar una diferencia positiva concreta. La acción es la manifestación del intento y la voluntad. Muchas personas tienen ideas maravillosas, un corazón puro y la voluntad de hacer algo que les apasiona. La acción lo hace posible, lo hace cobrar vida.

Veo el cumplimiento del potencial universal como un potencial que existe a muchos niveles diferentes. El cumplimiento dentro de la compañía es muy diverso. Una forma sería el hecho de que te importa cómo se sienten los empleados a nivel individual y si están personalmente satisfechos. El cumplimiento del potencial universal sale en círculos cada vez más amplios, centrándose en lograr siempre una situación en la que todos salgan ganando, ya sea con proveedores, clientes, asesores, socios, etc. Yendo aún más lejos, el potencial universal se puede manifestar en forma de sostenibilidad ambiental, abundancia de agua, la difusión de la paz, la bondad interior y un largo etcétera.

Este valor se define de una manera tan amplia que tiene facetas casi infinitas. Es profundo. Acabo de poner algunos ejemplos, pero estoy segura de que cada individuo u organización puede ampliarlo aún más.

Inversiones Arison

Arison Investments es una compañía de inversiones líder, que posee una participación en, o posee totalmente, las empresas comerciales de las que ya he hablado. Efrat Peled es el director ejecutivo y presidente de Arison Investments y trabaja con un equipo altamente cualificado y profesional. La compañía se dedica a las finanzas, los bienes raíces y las infraestructuras, la energía renovable, el agua y la sal. Nuestro objetivo es crear rendimientos financieros junto con valores añadidos para la humanidad, a la vez que preservamos los recursos naturales del planeta. Aspiramos a lograr un equilibrio global (social, económico y ambiental) y consideramos que los desafíos universales son oportunidades para crear innovaciones comerciales.

Nuestra estrategia de inversión a largo plazo se centra en alentar a los emprendedores a gran escala, capaces de ofrecer una respuesta, basada en los valores, a las necesidades básicas de las grandes poblaciones, al tiempo que se equilibran los recursos humanos, las ganancias y el planeta. Nuestras opciones de inversión están dirigidas hacia altos rendimientos financieros, al tiempo que generan una nueva realidad empresarial que es, ante todo, ambiental y socialmente responsable. Los resultados financieros que obtenemos mediante este enfoque coinciden por igual con el resultado que vemos en la implementación de valores, estableciendo un punto de referencia del que estamos muy orgullosos.

Crear una cartera de inversiones con responsabilidad

Permíteme primero diferenciar entre Arison Investments y mi cartera de inversión personal. Arison Investments es una entidad operativa que cuenta con un equipo de administración, empleados y compañías subsidiarias. Arison Investments invierte con una brújula moral, y yo también lo hago con mis recursos personales. Pero es más complicado, si cabe, invertir de esa manera, con grandes sumas de dinero que se distribuyen entre muchas instituciones financieras y administradores de dinero diferentes.

Siempre he considerado mis inversiones desde una perspectiva moral. Este extremo ha sido importante para mí y he tenido muy claro, por ejemplo, que no invertiría en armas de fuego, tabaco, alcohol o cualquier cosa que dañe a los animales o al medio ambiente. No ha sido una tarea fácil. Durante muchos años, mis administradores se quejaban de que era prácticamente imposible hacer lo que pedía. En el pasado, en todos mis documentos de inversión se tomaba buena nota de mis deseos, pero no se me prometía nada.

Es sorprendente ver que, con mi liderazgo y el de mi equipo en la oficina familiar, el cambio se ha producido, finalmente. De hecho, ahora formamos a las instituciones financieras en las que he estado invirtiendo con una forma diferente de entender la inversión.

Con esto en mente, la oficina familiar trabajó, junto con las instituciones financieras, para crear estándares precisos que los administradores podrían usar. Luego, mi equipo podría volver a proponerme sugerencias de inversiones que se ajustaran a mis deseos. Cabe señalar que cualquier enfoque o cambio de visión, el hecho de construir una nueva estrategia e implementarla lleva su tiempo, y lo mismo se aplica a mi cartera personal de inversiones. Aunque se ha producido un cambio increíble, continuamos evolucionando en este sentido tanto por lo que respecta a mis propias inversiones, como en lo relativo a las personas con las que trabajo.

La estrategia de inversión que implementamos se enfoca a compañías que tienen posiciones fuertes de flujo de capital, buenos dividendos y un riesgo razonable, que representen un equilibrio de sectores en general. Me gusta que las empresas en las que invierto sean sostenibles en sus prácticas y coticen en bolsa. Siempre nos aseguramos de que una compañía haya sido reconocida por índices globales u otras fuentes con credibilidad de terceros que busquen la verdadera adhesión a medidas de calidad positivas, como la responsabilidad social corporativa o las prácticas de fabricación sostenibles.

Afortunadamente, hay muchas empresas en el mundo que brindan servicios y necesidades básicas a la gente de manera sostenible, utilizando fuentes de energía renovables, de forma eficiente y humana, y éstas son mis preferidas. Algunas de las compañías en las que invertimos aún no han llegado a tanto, pero estamos asistiendo a su proceso de cambio y las acciones concretas para conseguirlo. Esto es muy importante para mí.

Entiendo que este enfoque de inversión añade otra faceta al valor de valor añadido para la humanidad.

El cambio a través de la colaboración

Otra forma de actuar que utilizamos para la realización del potencial universal y añadir valor para la humanidad es a través de la filantropía. Durante más de veinte años, The Ted Arison Family Foundation ha sido el brazo filantrópico de nuestro grupo en Israel. Mi hijo mayor, Jason Arison, es el presidente de la fundación y Shlomit de Vries, la directora general.

La fundación familiar realiza importantes inversiones sociales a través de la filantropía estratégica. Las inversiones sociales se realizan en los campos de la salud, la educación, las discapacidades, las poblaciones en peligro y las artes. Éstos se suman a nuestras exclusivas empresas de visión que incluyen voluntariado, paz interior y las diversas plataformas del Modelo *Doing Good*.

Éste es sólo un ejemplo de cómo la fundación contribuye de muchas maneras a dar valor añadido a la humanidad. Un área de inversión social, en la que la fundación ha estado muy interesada a lo largo de los años, ayuda a financiar ONG que prestan servicios a personas con discapacidades.

Hace unos tres años, junto con otras fundaciones e intereses corporativos, Shlomit (representante de la fundación familiar) se unió a la causa y ayudó a formar una mesa redonda para beneficiar a las personas discapacitadas. Nuestra atención se centra en ayudar a una amplia gama de personas que tienen desafíos diversos, tales como deterioro cognitivo, problemas físicos, autismo, ceguera, discapacidad auditiva o mental, así como poblaciones con otros problemas.

Se consideró que un esfuerzo coordinado de los principales financiadores en este campo, tanto sin ánimo de lucro como corporativos, podría ser beneficioso, además de que cada grupo ofrecería sus propios recursos a su manera, como lo habían hecho antes. El gobierno también financia servicios para discapacitados. Esta mesa no fue creada en modo alguno para reemplazar u obstaculizar el apoyo esencial del Estado.

Al contrario, la mesa redonda eligió como primer punto importante la creación de un índice de enfoque positivo para la accesibilidad, que se completó y publicó en 2013. Fue considerada de gran valor porque utilizaba datos recopilados en investigaciones y encuestas para incluir en un solo documento un enfoque estándar sobre cómo las personas con discapacidad deberían poder acceder a servicios esenciales en sus comunidades y cómo se podrían mejorar las cosas. Los esfuerzos de colaboración de la mesa se refieren tanto a crear una mayor conciencia y mejorar las actitudes como a la accesibilidad, pero cada elemento es esencial en la globalidad del proyecto. El mensaje clave para el gobierno, la sociedad y los empresarios es que esta población forma parte de nosotros y debemos tratarla como tal, ayudándola a desarrollar todo su potencial humano, de la misma manera que lo haríamos con cualquier individuo.

La simplicidad del valor añadido

Cuando pensamos en cómo podemos añadir valor a la humanidad, me vienen a la mente las muchas maneras en que lo consigue nuestra empresa de infraestructura, Shikun & Binui, y nuestra empresa de eficiencia energética, Miya, abordando su trabajo en proyectos a gran escala y en todo el mundo.

Siempre que ambas se instalan en otro país, antes de comenzar a implementar el proyecto, se aseguran de reunirse con los líderes locales de la comunidad para comprender la cultura y las necesidades de las personas que la componen. Nuestros equipos abordan el tema desde una perspectiva basada en valores, porque desean establecer de antemano una relación lo más positiva posible, un vínculo que represente una conexión duradera entre la empresa y la comunidad.

Al establecer estas relaciones desde el principio, la compañía puede detectar qué otras necesidades podrían existir en la comunidad y pensar cómo la empresa podría ayudar a los residentes a adaptarse a los cambios que se avecinan como parte del proyecto de construcción que se está llevando a cabo.

Un ejemplo sería la construcción de una moderna carretera en una comunidad en la que antes sólo había un estrecho camino de cabras. Es posible que los niños y los adultos no entiendan los peligros que implica cruzar una carretera de este tipo, por lo que la compañía les debe ofrecer normas básicas sobre seguridad vial, cómo se debe caminar a lo largo de la carretera y cómo cruzar de manera correcta.

Con respecto a los proyectos relacionados con el agua en un país en vías de desarrollo, las pequeñas comunidades rurales pueden tener agua corriente repentinamente por primera vez. La compañía habrá enseñado antes a la gente cuáles son los métodos básicos de higiene, como el lavado de manos, al mismo tiempo que se explican las técnicas de conservación del agua que la población desconoce.

El desarrollo del lugar de trabajo es otro factor en el que nuestras empresas toman la iniciativa. Emplear a trabajadores locales implica entrenarlos en normas de seguridad básicas del lugar de trabajo, como por ejemplo cómo usar ropa protectora o cómo manejar herramientas, cómo evitar lastimarse durante el desempeño de sus funciones y cómo comunicarse efectivamente en el trabajo de equipo.

A medida que estos trabajadores adquieren nuevas habilidades, y forman parte del equipo en general, adquieren habilidades laborales muy valiosas para el futuro. De manera similar, los ingenieros y técnicos locales obtienen nuevas experiencias que pueden agregar a su currículum, al formar parte de un proyecto de infraestructura grande y complejo en su propio país.

En lugar de movilizar grandes fuerzas de trabajo del extranjero, debemos pensar que la capacitación local de trabajadores e ingenieros añade valor a un proyecto. Al proporcionar educación y habilidades, estamos aportando valor añadido al individuo. Cuando esas personas continúan con su experiencia profesional, mucho tiempo después de que hayamos completado nuestros proyectos, podrán mantener el proyecto en el que trabajaron de una forma sostenible en el tiempo. Eso implica un valor añadido adicional a toda la zona.

Otras veces, nuestra gente encuentra maneras únicas de mejorar las vidas de aquellos con quienes se encuentra cuando está sobre el terreno. Un ejemplo fue cuando el equipo de Miya se dio cuenta de que una escuela primaria local no tenía agua porque carecían de grifos operativos. Los trabajadores de Miya emplearon parte de su tiempo libre y accedieron a los materiales donados por la empresa para colocar los grifos nuevos y los lavabos de la escuela. También instruyeron a los niños sobre el uso del agua, cómo tratarla con respeto y cómo lavarse las manos adecuadamente para mantenerse sanos y limpios.

El regalo que recibimos fue que los niños se fueron a casa explicando lo que aprendieron a sus padres, abuelos y hermanos. También completaron un proyecto en la escuela sobre sus nuevos conocimientos sobre el agua y estuvieron encantados de enseñárselo al equipo de Miya.

Cantando por una causa

Otro proyecto relacionado con nuestro proceso de cambio en el Grupo Arison, en torno a los valores y el Modelo *Doing Good*, fue un taller impartido por un grupo de profesores con el que trabajamos en estrecha colaboración con diferentes universidades. A través de la investigación, el taller incluyó una amplia gama de ejemplos de implementación de valores para organizaciones de todo el mundo. Se incluyeron estudios universitarios, vídeos de estilo documental y otros artículos que hicieron reflexionar a la gente y que se habían publicado en Internet.

Cuando discutimos el valor añadido para la humanidad, uno de los artículos que compartieron con nosotros trataba sobre la posibilidad de reunir el apoyo público para una causa, englobando a miles de personas. Las reuniones son una forma de marcha para generar conciencia y propiciar cambios. Cuando pienso en los mítines, mi esperanza es que siempre sean pacíficos y que los mensajes se centren en las soluciones y la unidad.

El impacto de las grandes reuniones se incrementó de gran manera cuando varias celebridades de la música pop entraron en acción, y la cobertura de los medios llegó a todo el mundo. De repente, la causa, sea lo que fuere, se convierte en un espectáculo propiamente dicho y el número de participantes llega a miles, a decenas de miles, a millones de personas que se unen por una causa.

Uno de los primeros eventos de este estilo fue el concierto para Bangladesh en 1971. La gente sufría de inanición y de un alto índice de mortalidad debido a la terrible guerra que había en la zona, agravada por los desastres naturales. Su población necesitaba ayuda desesperadamente, pero sus súplicas caían en un saco roto hasta que se realizó un gran concierto público en la ciudad de Nueva York, en el que participaron George Harrison, Bob Dylan, Ringo Starr, Eric Clapton y otros músicos famosos.

El concierto recaudó más de 250.000 dólares para UNICEF, que fueron destinados a la causa humanitaria en Bangladesh. El beneficio fue realmente notable si tenemos en cuenta que ésta era una causa poco conocida en Occidente. El evento puso de manifiesto, por primera vez, el poder de la música y la fama para influir en las personas con respecto al cambio social.

El 13 de julio de 1985, una sorprendente cifra de 1.400 millones de personas se sintió impactada, sintiendo una sola causa, fascinados ante los televisores y radios por el Live Aid original. El concierto fue dirigido por la banda de rock Queen, junto con otros músicos, y el espectáculo fue producido por Bob Geldof. La causa que ese día unió a una quinta parte de todas las personas del planeta fue la hambruna en Etiopía. Antes de que el concierto terminara, se habían recaudado más de 200 millones de dólares.

Como puedes ver, cuando una persona siente pasión por iniciar un movimiento mundial, llega a tener la capacidad para alcanzar el universo. Todos somos uno.

Capítulo 15

Todos somos uno

❧

TODOS SOMOS UNO

Cada individuo es único.
Cada uno de nosotros forma el todo
y constituye una parte del mismo.

❧

Las múltiples caras de la humanidad

Todos somos uno. Cada persona en el mundo tiene su propia individualidad. A mi entender, es similar al hecho de que cada uno tenga sus propias huellas dactilares: ninguna es igual a otra. Lo mismo se aplica a nuestra esencia individual. Con el término «esencia» me refiero al tono, la vibración con la que resonamos desde dentro hacia fuera.

Aunque todos somos almas y los seres humanos, en apariencia, podemos parecer iguales, cada uno de nosotros tiene su propia singularidad. Teniendo esto en mente está claro que todos somos parte del todo. La imagen completa. Uno puede ser parte de una familia, de una comunidad o de un país, pero toda la humanidad es parte del planeta. Nuestro planeta forma parte del universo.

Por lo tanto, no importa cómo lo mires, todos somos uno. Todos somos parte de una imagen más grande y tenemos un papel que representar. Tanto si somos conscientes o no del papel que desempeñamos, cada uno de nosotros debe asumir la responsabilidad del futuro colectivo.

Algunas personas piensan que si pasa algo perjudicial para nuestro futuro colectivo, pero si el peligro no se halla cerca de su casa ni de ellas mismas, no les afecta. En mi opinión, ésta es una ilusión con la que muchos de nosotros vivimos, pero el hecho es que el futuro de nuestro planeta y, por ende, el de la humanidad, está en nuestras manos. Si queremos ver un futuro positivo, debemos entender que todos somos uno y optar por asumir la parte de responsabilidad que nos toca.

Crear un futuro positivo: goodnet.org

Hoy en día, personas y culturas que solían ser mundos aparte, que durante generaciones nunca se han visto ni se podían conocer, están milagrosamente a un «clic» de distancia cuando se descubren vía online. Internet ha demostrado tener un inmenso poder para conectarnos a todos, inmediata y personalmente, unos con otros.

Como parte de lo que estamos haciendo en tanto que grupo, tanto en el campo de los negocios como en la filantropía, decidimos aprovechar el poder de Internet para crear un lugar que destaque todo lo bueno.

En este sentido, hemos desarrollado una plataforma digital interactiva, abierta a todos en el mundo, llamada goodnet.org. Se trata de un lugar de encuentro central online para compartir ideas, recibir inspiración y conectarse con otras personas en todo el mundo que también están haciendo cosas buenas en todos los ámbitos de la vida.

Al hablar, contemplar, compartir y encontrar nuevas formas de hacer el bien, creo que podemos proyectar nuestra energía individual y la de nuestras comunidades a la comprensión de que todos somos uno. Si queremos ver un futuro puro, honesto, pacífico, con crecimiento y prosperidad, cada uno de nosotros debe asumir la responsabilidad individual del futuro colectivo.

Goodnet.org ha sido extremadamente exitosa, llegando a más de 17 millones de personas en aproximadamente dos años y medio, con un millón de personas que se unen cada mes. Es emocionante para mí ver la lista de países que hoy en día se definirían como enemigos, que se unen por el bien común. Goodnet.org también participa en el Good Deeds Day todos los años, que se celebra en marzo, y personas de todo el planeta pueden conectarse con una causa o una organización de voluntarios, o simplemente comprometerse para hacer el bien.

Creo que para lograr una verdadera transformación, necesitamos una masa crítica de personas que se unan para el beneficio común. Dado que las personas tienen su propia singularidad, su propia forma de ver las cosas, perspectivas y dones que repartir, podemos aprovechar todo este potencial reuniendo a gente que ilumina la unidad con la voluntad de resolver problemas para que todos podamos vivir en un mundo mejor. En Arison Group, hacemos cuanto nos corresponde y sabemos que hay muchas otras personas que cumplen con su cometido, por lo que el objetivo de goodnet.org es reunir a todos los que están haciendo el bien para crear esa masa crítica.

Foros cara a cara

Siempre ha sido mi intención y mi deseo que los valores dentro del Modelo *Doing Good* se filtraran más allá de nuestro grupo, y eso ya está sucediendo de varias maneras.

Los académicos están trabajando en el modelo, ayudando a encontrar formas de poner en práctica estos valores para los estudiantes universitarios. Estamos desarrollando activamente un recurso online que lanzaremos primero a nivel interno, entre nuestra vasta fuerza de trabajo, con la idea de que pueda estar disponible para el público general en un futuro.

Cuando empezamos a tener reuniones internas para encontrar formas de implementar los valores que conforman el Modelo *Doing Good*, la gerencia ideó los foros como reuniones grupales. Cualquier persona que quisiera ser parte de un foro podría unirse, entendiendo que está por encima y más allá de su trabajo habitual. A medida que se corrió la voz en todo el grupo, el interés y el entusiasmo siguieron creciendo, al igual que el número de personas que formaban parte de cada foro.

Si bien yo no soy miembro de los foros, obtengo actualizaciones periódicas y asisto a la reunión semestral de foros en la que todos ellos presentan lo que se ha implementado en las empresas comerciales y organizaciones filantrópicas del grupo.

Tras unos años de celebración de foros exitosos en curso, se comprobó que cada vez eran más las personas que querían participar en el proceso y que, por consiguiente, resultaba difícil que las reuniones fueran productivas. La solución consistió en que los foros se dividieran en grupos más pequeños y que se crearan subforos para valores adicionales. La gerencia creó un comité que supervisaría todos los foros y, nuevamente, los empleados fueron invitados a formar parte de dicho comité.

La conexión «All One»

Los foros cambiaron y crecieron por evolución natural. Ha sido increíble y emocionante para mí, después de tantos años hablando, explicando, deseando el cambio, ver cómo ahora hay tanta gente a bordo, tanta gente conectada y cumpliendo con su parte para crear un cambio positivo. Esto sucede tanto dentro de sus empresas u organizaciones individuales como externamente, entre los proveedores, los clientes, las comunidades y los países en los que trabajamos. Para mí, es un sueño hecho realidad.

El próximo proyecto con el que he estado soñando durante mucho tiempo es englobar lo que hemos creado dentro del Grupo Arison y formar un foro para All One que llegue a otras personas, empresas y organizaciones filantrópicas.

Desde hace un tiempo, personas ajenas a nuestro grupo se han acercado a nosotros porque saben que tenemos un modelo de negocio basado en los valores y conocen su éxito. Me emociona escuchar a gente de todas las edades y antecedentes, incluidos trabajadores sociales, empresarios, trabajadores juveniles, agencias gubernamentales y otros, que desean aprender más sobre el Modelo *Doing Good* y cómo pueden implementar valores como los nuestros en sus propias organizaciones. Hay quien incluso se interesa en cómo podrían formar parte de lo que hacemos.

Del mismo modo que conectamos a personas de todo el mundo en goodnet.org, creo que podemos conectar a la gente con nuestro Modelo *Doing Good* y enseñarles a implementar nuestros valores, cada uno en su propio entorno. Como somos un grupo muy diverso que trabaja en diferentes campos de negocios, diferentes tipos de organizaciones filantrópicas y en muchos países, con gente muy diversa e idiomas diferentes, creo que tenemos el conocimiento y las habilidades necesarias para mostrar a quien esté interesado fuera de nuestro grupo la forma de llevar a cabo un cambio verdadero, auténtico y positivo.

Lo sorprendente es que ya hemos creado All One en el Grupo Arison. Este proyecto parece simple, pero nos ha llevado varios años. Durante mucho tiempo pedí a las diferentes compañías que compartieran con el resto del grupo lo que estaban haciendo. Es curioso pensar que hace unos años los empleados del banco no sabían que Arison era dueño de Shikun & Binui. Nadie sabía que Salt of the Earth estaba conectado a nosotros o que habíamos fundado una compañía de agua llamada Miya. Los empleados de la fundación familiar desconocían que nuestras empresas también hacen donaciones a la comunidad. En otras palabras, la mano izquierda no sabe lo que hace la derecha, y la derecha no sabe que existe la izquierda.

Desarrollar «All One»

Como acabamos de ver, cada parte de nuestro grupo estaba totalmente separada y desconocía las otras partes. No importa lo que estuviera haciendo, durante años las cosas no cambiaron. Sólo después de crear los foros se modificó la realidad. La gente se sorprendió, impresionó e inspiró. Cuantas más personas se conectaron, cuantos más valores se implementaron, más nos convertimos en todos.

Lo que realmente quería era lograr que la conexión de «todos uno» que hemos creado dentro de nuestro grupo se expandiera en círculos hacia fuera de nuestro grupo. Deseaba crear un foro All One, al igual que los otros foros. Sin embargo, después de muchas discusiones con mi equipo de gestión, llegamos a la conclusión de que la idea no era viable. Mantener reuniones con personas de diferentes compañías en todo el mundo no tendría, creemos, el mismo tipo de impacto.

Nuestra voluntad como grupo no consiste sólo en hablar de valores, sino en encontrar formas productivas y prácticas para implementarlos. A medida que crecemos y nos acercamos a los demás, buscamos la manera de proporcionar el conocimiento y las herramientas necesarias para cualquier individuo o entidad, ya sea un negocio, grande o pequeño, una organización sin ánimo de lucro de cualquier tamaño, una universidad, o cualquiera que quiera crear un cambio positivo mediante valores elevados y prácticos.

Un foro para cada cual

Fue entonces cuando decidimos que la plataforma online que hemos creado para el Modelo *Doing Good* de trece valores se utilizaría para el foro de All One, en lugar de mantener reuniones cara a cara para dicho foro en particular. Al trabajar en este proceso, se creó un foro en línea. Como siempre, hemos formado un equipo con representantes de todas nuestras empresas y organizaciones, expertos en alta tecnología y, por supuesto, nuestros socios estratégicos en la Universidad George Mason.

Una vez concluya el proceso, primero usaremos la herramienta online para conectar a todos nuestros empleados, aproximadamente 30.000 en todo el mundo, luego ofreceremos esta misma herramienta a universidades y universitarios, y finalmente a todo el mundo: individuos, corporaciones y organizaciones. Es difícil precisar «cuándo terminará el proceso» porque en mi mente nada está concluido, estamos en constante evolución, cambio y crecimiento, y una de las características del recurso online es ser flexible y abierto al cambio.

Como ya he descrito anteriormente, el foro nos brinda un espacio para la participación y la creatividad y para que diferentes personas presenten sus propias ideas sobre cómo se puede implementar un determinado valor.

Es emocionante para mí porque sé que el mismo proceso de implementación se puede aplicar a organizaciones externas de la misma manera que lo hemos aplicado internamente dentro de nuestro grupo. Leer acerca de cualquier teoría o escuchar sobre ella en una conferencia no le dará vida. Pero cuando un grupo de personas se compromete a llevar a cabo acciones tangibles para implementar los valores que escuchan, el Modelo *Doing Good* va más allá de las palabras, más allá de su definición en la página. Los valores en sí mismos se convierten en una parte de la organización o grupo que vive, respira y trabaja, y me gustaría que los valores se vivieran y se respiraran en todo el mundo, allá donde la gente se reúne, ya sea cara a cara u online.

Ser «All One» en los negocios

Ahora me gustaría compartir una perspectiva de All One en términos prácticos. Se implementó una política formal de diversidad e inclusión en el Banco Hapoalim. La gerencia y los empleados estuvieron de acuerdo en que era lo correcto y lo mejor para los negocios. He oído comentarios muy positivos. Lo impresionante para mí es que no proviene de una perspectiva de cuota obligatoria, sino del corazón.

La política del banco sobre diversidad e inclusión refleja la verdadera trama de nuestra sociedad, donde las barreras entre las culturas se caen. Personas de todos los credos, idiomas y antecedentes se respetan por igual en todas las interacciones, como debería ser. Ya sea interno, a través del proceso de contratación y capacitación, o externo, a través de nuestros servicios, todas las actividades del banco se realizan con aceptación y comprensión de los sistemas de creencias y la cultura de cada individuo.

Esto puede parecer simple, pero es muy complicado. Sin embargo, hacerlo ha marcado una gran diferencia no sólo desde el punto de vista moral, sino que también ha convertido a cada ciudadano, en cualquier parte del país, en un potencial cliente del Banco Hapoalim.

Como resultado, se han desarrollado productos y soluciones personalizadas en el banco, específicos para satisfacer las necesidades de personas procedentes de diversos sectores. Así las cosas, todo lo que ofrece el banco, incluidos los materiales de enseñanza que guían a las personas hacia la libertad financiera, por ejemplo, están disponibles y son del todo relevantes. Eso incluye muchos sectores de nuestra sociedad: la comunidad ortodoxa judía, las diferentes comunidades árabes, los cristianos, las personas que viven en kibbutz (especie de comunas) y los inmigrantes de Rusia, Europa, África, etc.

En otras palabras, todos los individuos de nuestra sociedad tienen un acceso equitativo a los servicios, incluido el aprendizaje sobre la libertad financiera, personalizada según sus necesidades y creencias, para ayudarles a crecer y prosperar. Del mismo modo, el departamento de recursos humanos trata a todos los individuos por igual y personaliza su capacitación y programación para que casen con su idioma, cultura y creencias, sean cuales sean.

Esta perspectiva y su práctica reflejan mi creencia de que, aunque cada uno de nosotros tenga su propia individualidad, su propia singularidad, todos somos uno. Todos nosotros componemos el todo y formamos parte de él. Al ser todos uno, y vivir de acuerdo con esto, creo que la abundancia aparecerá por sí sola. De eso tratará el próximo capítulo.

Capítulo 16

Abundancia

&

Abundancia
Reconocer que todo existe y actuar de manera responsable
para asegurar «lo que es».

&

El proceso

Me gustaría compartir con vosotros el proceso por el que pasamos hasta llegar a un consenso general sobre los valores, especialmente el valor de la abundancia, incluso antes de explicar el valor en sí mismo. Lo considero importante porque creo que el proceso en sí muestra que, cuando nos unimos como personas, sólo eso crea abundancia.

La elaboración de la definición de este valor, «abundancia», fue un proceso largo y complejo. Creo que fue un desafío definirlo porque es muy complicado para la gente aceptar que todo lo que necesitamos y queremos está disponible. Yo, por mi parte, creo que la abundancia es infinita y quería que este punto formara parte de la definición, pero fue realmente difícil que se aceptara.

Aunque me apasionaba la forma en que personalmente entendía la definición, era más importante que hubiera consenso sobre cada palabra de cada frase en la definición de los valores. Sabía que, aunque el mundo en el que vivimos y trabajamos se basa en la jerarquía y la individualidad, pronto cambiarán las cosas.

Sentía en mi corazón que, como especie humana, vamos hacia un mundo en el que todos somos uno, y cada individuo tiene un papel importante que desempeñar.

Sé que el futuro se basará en el trabajo en equipo y la unión. Por lo tanto, era importante para mí dar el ejemplo y crear ese cambio en mi grupo. Aunque cada persona tiene una perspectiva y un sistema de creencias diferentes, al final, crearemos este modelo juntos. Será una situación de ganancia para todos en la que todo el mundo será escuchado y se sentirá incluido. Suena fácil, ¿verdad? Bueno, no lo fue tanto, pero de todos modos lo hicimos.

Es obvio que, cuando la sociedad está fracturada y cada cual tira en diferentes direcciones, el resultado no es bueno. Lo vimos al principio, cuando nuestro grupo comenzó el proceso. Por eso sentí que era fundamental guiar al grupo en una conversación auténtica y productiva.

Desde mi perspectiva, todo el mundo tiene cabida. Veo la evolución de nuestro mundo cuando las personas se unen, se les escucha, contribuyen y crean un cambio positivo. Lo mismo se aplica a cualquier grupo de gente, ya sea en el hogar de una familia o en un entorno comercial. Cuando estamos tratando de crear un cambio positivo, para que suceda, todos debemos cumplir con nuestro papel.

Cuando nos unimos como personas auténticas y positivas, aparece una fuerza poderosa. Esa poderosa energía crea abundancia.

Abundancia para todos

Al final, igual que con el resto de las definiciones, llegamos a un acuerdo unánime sobre la abundancia, colectivamente. La definición establece que la abundancia es reconocer que todo existe y la acción responsable para garantizar «lo que es».

Entiendo que la abundancia, ante todo, es una conciencia, una mentalidad. Para vivir una vida abundante, debes creer que puede ser así. Déjame explicarlo. La abundancia puede estar en casi todo. Mucha gente piensa en ella en términos monetarios, pero la abundancia, que es lo opuesto a la escasez, se refiere a todo, es decir, nuestros recursos, educación, información, relaciones, amor, etc.

Para vivir una vida abundante, es imprescindible comprender que todo lo que necesitamos ya existe. Una vez que nos damos cuenta de eso, tenemos que asumir la responsabilidad de lo que es, de lo que existe. Un ejemplo sería ser consciente de nuestros gastos. Muchas personas compran cosas, ya sea comida, ropa o cualquier otro producto, como si no hubiera un mañana. Pero todas esas cosas necesitan recursos para ser producidas, ya sea energía, agua, animales, etc. ¿Somos conscientes de eso como colectivo?

En nuestras vidas personales y comerciales, todas las decisiones que tomamos nos impactan a nosotros mismos y a nuestro mundo, de alguna manera, y es importante tomar decisiones correctas a largo plazo, por el bien de todos. Imagino que es posible un mundo donde todos tienen lo que necesitan, sin que sea a expensas de los otros. También es importante entender que los deseos y las necesidades son diferentes para cada persona.

Un cambio de mentalidad

Como todos los valores en el Modelo *Doing Good* provienen de la visión principal de cada compañía o fundación, no podía ser de otro modo en el caso de la abundancia. La abundancia es la visión de Miya, una empresa de eficiencia de agua que fundé a través de Arison Investments.

Después de definir su objetivo, que es garantizar la abundancia de agua dulce, nos propusimos aprender todo sobre la industria del agua, invirtiendo en conocimientos y experiencia en todo el mundo. Entendimos, de acuerdo con nuestra visión, que llevar una cantidad abundante de agua a cualquier lugar del mundo es algo que ya existe y nuestra contribución consiste en garantizar lo que existe, lo que ya es. Nos interesamos en un campo que se conocía como «pérdida de agua» hasta que Miya ingresó en la industria y cambió el término. Me mostré muy terca con respecto a cambiar el nombre de este campo por «eficiencia del agua», ya que era consciente de que la pérdida de agua proviene de una mentalidad de escasez, mientras que la eficiencia del agua, de una mentalidad de abundancia. La idea de la eficiencia del agua consiste en llegar a una ciudad o país, conocer su infraestructura y determinar qué cantidad de agua se está desperdiciando al filtrarse bajo tierra, por ejemplo.

La mayoría de la gente se sorprendería al saber que el agua potable, el agua de pago, se pierde bajo tierra al fugarse de las tuberías en las ciudades de todo el mundo. Algunas pierden entre el 30 y el 70 por 100 de su agua. La forma más sostenible y rentable de prevenir tales pérdidas es mejorar la eficiencia de nuestros sistemas urbanos de distribución de agua. Miya se estableció para garantizar la abundancia de agua dulce a través de una gestión eficiente de los recursos existentes. Como ves, hay una gran cantidad de agua en el mundo, y al asumir la responsabilidad de nuestros recursos hídricos y administrarlos de manera eficiente, Miya puede garantizar la abundancia.

Ésta es una asombrosa prueba de manifestación de la abundancia de nuestro Modelo *Doing Good*. Así es como se trabaja con un valor eufórico, un valor basado en una conciencia superior, y lo llevas al mundo de los negocios en términos prácticos, en acción. Creo que se puede hacer en cualquier campo. Simplemente requiere intención, cuidado e implementación.

Miya: la abundancia en los negocios

El agua es un recurso esencial para todos los seres humanos. Aunque sea un recurso natural, muchas partes del mundo no tienen acceso a agua potable fresca y limpia. Hay quienes no tratan el agua que tienen porque no llegan a comprender lo precioso que es este recurso. Muchos de los sistemas de agua de todo el mundo son inadecuados o confusos. Miya se dedica a trabajar en estrecha colaboración con municipios y gobiernos para resolver estos problemas a través de la mejora de la eficiencia en la infraestructura del agua.

Un proyecto en Manila, en las Filipinas, brinda un ejemplo de lo que se puede hacer en esta industria. Cuando Miya se involucró por primera vez, cerca de tres millones de personas carecían de conexión con la red municipal de agua, y millones padecían un suministro intermitente o de muy baja presión.

Había más recursos de los que estaban disponibles, pero la empresa de agua en Manila había heredado una red de agua envejecida y muy ineficiente del gobierno filipino, y había fugas en el 65 por 100 de su sistema de distribución. El agua perdida se conoce como agua no facturada (NRW). Es agua que existe en el sistema de distribución, pero que se «pierde» antes de llegar al cliente.

En general, en todos los proyectos de Miya, la compañía ofrece soluciones integrales utilizando tecnología e ingeniería. En este caso, Miya hizo de la reducción de la NRW su principal prioridad, y la compañía sugirió una solución holística que proporcionaría una mayor eficiencia del agua junto con niveles operativos mucho más altos. Una vez que las tuberías se arreglaron adecuadamente y se minimizaron las fugas, también se implementó un modelo de uso basado en incentivos, que condujo a un aumento significativo en el nivel de servicio.

Para desarrollar la capacidad del suelo y asegurar que la solución fuera sostenible, Miya desarrolló un programa de certificación de entrenamiento de gestión NRW, que transfirió la experiencia técnica necesaria a los empleados en Manila, asegurando así que la mano de obra local tendría las herramientas y los conocimientos a largo plazo para las soluciones de la NRW recientemente desarrolladas. Como medida estratégica adicional, se sugirió que el dinero ahorrado con la eficiencia hídrica se destinase a mejorar los procedimientos internos y las metodologías.

En general, el proyecto en conjunto ahorra 768 millones de litros de agua al día, lo cual permite que 2,6 millones de personas más se conecten a la red las 24 horas del día, los 7 días de la semana. La presión del agua y la fiabilidad del sistema han aumentado y, además, la empresa ha triplicado sus ingresos anuales, en comparación con su nivel de ingresos de 2008.

Miya está llevando a cabo otros proyectos similares en otros lugares del mundo. Mi hijo David Arison es vicepresidente de relaciones comerciales globales para Miya. Como vemos, a partir de una visión profundamente espiritual, podemos transformar el valor de la abundancia en términos prácticos.

Abundancia en un abrir y cerrar de ojos

Pensemos ahora en el mundo de la fotografía y en cuánto hemos avanzado en estos últimos años. Hoy en día tenemos sobreabundancia de imágenes. La forma de hacer fotos de cuando yo era pequeña no tiene nada que ver con la de ahora. Usábamos cámaras que necesitaban película y había que estar al tanto de cuántas fotos podíamos tomar, teniendo en cuenta que en un rollo de película sólo había 12, 24 o 36 imágenes disponibles. El carrete y el revelado eran costosos, así que nadie quería desperdiciar una foto. Además, no se sabía cómo iba a quedar la imagen.

Se debía ser muy selectivo a la hora de hacer una foto y qué decepcionante resultaba cuando revelabas el carrete y las imágenes eran borrosas o estaban movidas o no habían quedado bien. Aquel momento que querías inmortalizar había desaparecido para siempre. Más frustrante todavía era cuando se hacían fotos de un evento muy especial, como una boda, una fiesta de cumpleaños o una reunión familiar, y te quedabas sin recuerdos cuando las fotos salían mal o, simplemente, no salían.

Ahora aquí estamos, no muchos años después, con una increíble abundancia de imágenes que podemos tomar en cualquier momento y verlas al instante. Cuando quieres captar un momento preciso, la tecnología te permite capturar un número infinito de imágenes como tú quieras. Puedes usar una cámara fotográfica o el móvil, tenemos siempre un sinfín de imágenes a nuestro alcance y las podemos ver de inmediato. Las imágenes son ilimitadas, son abundantes, podemos capturar lo que queramos y cuando queramos.

Abundancia de información

No hace mucho la información también era difícil de conseguir. Si querías verificar hechos, buscar fechas o encontrar una solución técnica para algo, tenías que consultar un libro con soporte físico, como un diccionario o una enciclopedia. En el momento en que se publicaron esos recursos, estaban desactualizados, pero eso era todo a lo que la humanidad tuvo acceso durante muchos años.

Sin embargo, hoy disponemos de una gran cantidad de información al alcance de la mano a través de Internet disponible en un instante. Toda esa información siempre ha estado ahí, en la mente de las personas, pero no teníamos una forma física de aprovechar la vasta riqueza del conocimiento y la experiencia.

Actualmente, cualquier problema, desafío o pregunta que tengamos puede investigarse rápida y fácilmente, con una enorme variedad de información y soluciones infinitas.

Esta increíble abundancia brinda a una gran cantidad de personas el acceso a la información que necesitan. ¿Quién lo hubiera imaginado hace 100 años? En mi opinión, eso demuestra que todo es posible.

Hoy, aunque Internet nos proporciona una cantidad ingente de información en todo el mundo, conectándonos a todos y dando voz a cada ser humano, es responsabilidad nuestra cómo utilizamos esa información. Volviendo al Modelo *Doing Good*, enfoquémonos, todos nosotros, en el bien.

Levantemos nuestra voz, positivamente. Podemos, como colectivo, cultivar una cantidad abundante de bondad en el mundo.

Abundancia de conciencia

Permíteme recordarte que creo que, ante todo, la abundancia es conciencia. Es importante entender que cuanto más nos enfoquemos individual y colectivamente en la escasez, que es la falta de algo, más escasez tendremos. Poner el foco en la abundancia atraerá abundancia. Aunque se trate de una conciencia, es importante comprender que para crear un cambio dentro de nosotros mismos, o dentro de un grupo, ya sea un negocio o la sociedad en general, tenemos que entender que todo tiene su proceso. Establece tu objetivo, entiende que deseas vivir en la abundancia y luego sigue los pasos necesarios para lograrlo.

Hay que tener claro los pequeños pasos a dar y los pequeños logros conseguidos. Para alcanzar un panorama más amplio, debemos estar agradecidos y orgullosos de lo logrado. ¿Hemos cambiado nuestra forma de pensar? ¿Nuestras ideas? ¿Qué hay en nuestro corazón? Tengamos siempre en cuenta nuestras acciones individuales y colectivas. ¿Reflejan el objetivo que hemos establecido?

En una ocasión me molestó mucho ver una campaña publicitaria basada totalmente en la escasez y en el miedo. Creo que la intención era buena: motivar a las personas para ahorrar agua. Pero, en lugar de dar luz a lo positivo, de encontrar soluciones, la campaña fue aterradora.

El anuncio televisivo mostraba la cara de una persona secándose y agrietándose, hasta el punto de desintegrarse en polvo. Recuerdo que el mensaje clave era: «No hay agua, nos estamos secando. ¡No hay agua, nos estamos secando!».

Este anuncio se repitió una y otra vez. Recuerdo incluso que compartí con algunos de mis empleados cómo me sentía al respecto. Les dije que me parece increíble que la gente no vea que existe la posibilidad de que mañana pueda llover, sin parar, con inundaciones implacables, y nos traiga toda el agua que necesitamos e incluso más. Lo curioso fue que, poco tiempo después de compartir mis pensamientos, empezó a llover ¡durante varios días! Aquello me hizo sonreír. No quise volver a ver más ese anuncio.

Así pues, la abundancia es una forma de pensar. Tienes que creer, tienes que saber que las posibilidades están ahí fuera. Podemos crear abundancia. Podemos crearla juntos.

En ese sentido, permíteme hacer una sugerencia. Debemos pensar en una cantidad abundante de cuidado. Una abundante cantidad de compasión. El mundo necesita curación, amor. Enfoquémonos, con la mente, con el alma y con nuestras acciones en la creación de amor, una cantidad infinita de amor.

Vamos a crear abundancia porque podemos.

QUINTA PARTE

PLATAFORMAS PARA CREAR UN MUNDO MEJOR

Capítulo 17

De mostrarse escépticos a ser socios para el cambio

Gente uniéndose

Siempre ha sido mi pasión transformar las cosas para mejor. Este proceso ha tenido lugar en todos los ámbitos de mi vida, personales, profesionales o filantrópicos. Esto, por supuesto, es extremadamente complicado cuando se habla de una gran empresa pública con una junta directiva, un consejo de administración y miles de empleados. Aunque es complicado y lleva tiempo, también es mucho más gratificante cuando ves que se produce la transformación.

Déjame contarte una historia sobre uno de mis directores, Nehama ronen. Hace años, cuando compré la compañía de sal, ésta era una empresa pública. Para realizar los cambios necesarios, en Arison Group pensamos que la mejor manera sería hacer una oferta para comprar la empresa. Cuando esto se logró, la junta directiva de Salt of the Earth se disolvió.

Entonces, se me sugirió que me reuniera con uno de los directores salientes, ya que me dijeron que era una persona con un gran carisma y que podría ofrecerle un sillón en la junta directiva del Banco Hapoalim. Fue así como conocí a Nehama.

Lo que más me impresionó de ella fue su experiencia. Tenía una carrera larga y distinguida, y era muy respetada por sus compañeros. También había servido en el pasado como miembro del Parlamento, como directora general del Ministerio de Medio Ambiente. Ahora es presidenta de la junta directiva de Ela Recycling Corporation, una organización privada (sin ánimo de lucro) que supervisa una gran operación de reciclaje de botellas y envases de bebidas en Israel. Durante nuestra reunión, le pedí que considerara colaborar en la junta del Banco Hapoalim, a lo cual accedió.

Nehama no ha olvidado nuestra primera reunión, que fue hace unos ocho años, y recuerda claramente que entonces yo también hablaba de los valores, cómo sacaba mi pequeña lista manuscrita del cajón y le hablaba desde mi corazón, con mucha pasión de mi enfoque general. Ella no estaba del todo segura de lo que pasaba en ese momento, y admite que pensó: «Seguramente esta mujer no puede ser tan ingenua como para creer que ese enfoque y estos valores pueden cambiar el mundo de verdad».

Pero, de todos modos, Nehama decidió arriesgarse y unirse a la junta directiva de nuestro banco, siendo consciente de que profundizaría más en esas ideas. Simplemente, estaba intrigada por saber más. Asistió a los talleres y las primeras sesiones de capacitación sobre los valores y el Modelo *Doing Good*, viendo cómo evolucionaban las cosas y participando en el proceso. Nehama recuerda que también se mostraba escéptica en cuanto a la gerencia del banco, al principio, pero fue testigo de la notable transformación que tuvo lugar a lo largo del tiempo.

Los cambios positivos resuenan

«Se podía ver, mes a mes, cómo todo empezó a hacerse realidad gradualmente –dice Nehama con una sonrisa–. Ahora puedo acudir a cualquier sucursal y hablar con cualquier gerente y sé que hablaremos el mismo idioma; puedes escuchar a más de 10.000 personas en todo el banco que emplean el mismo discurso. Lo creen y lo viven todos los días».

No pasó mucho tiempo antes de que Nehama empezara a sentir los mismos efectos que todos los demás, cuando empezó a asistir a los talleres en el Grupo Arison. «Obtuve muchas cosas de este entrenamiento –explica–. Aprendí a dejar de lado mi cinismo. Me tomé en serio los valores y presté atención a las herramientas que nos proporcionarían en los seminarios. Ya era una hábil negociadora, pero la capacitación en valores me ofreció aún más herramientas, habilidades comerciales que no esperaba obtener, y que ahora utilizo siempre».

Además de formar parte del Consejo de Administración del banco y dirigir el de ELA, Nehama en la actualidad también es presidenta de la mayor empresa de logística en actividades de aviación que cuenta con 2.500 empleados.

Viendo las cosas en perspectiva

Con el tiempo, lo que Nehama descubrió al formar parte del Grupo Arison fue que, una vez que formas parte de un grupo que siempre habla de valores, empiezas a absorberlos. Se vio personalmente implicada y pensó en el Good Deeds Day, en cómo podrían involucrarse sus compañías. Dado que los empleados de la empresa de logística viven principalmente cerca del aeropuerto, en dos ciudades pequeñas y cercanas, Nehama pensó que esas pequeñas ciudades podrían ser un buen lugar para montar un Good Deeds Day. La economía general en ellas no era muy buena, y pensó que tal vez podrían conseguir algo de ayuda.

Consultó con los empleados al respecto, para ver qué se podía hacer. «Pensamos que estaría bien ir a la escuela secundaria, involucrarnos en la comunidad, con las personas mayores también, todo de cara al Good Deeds Day –me dijo Nehama–. Entonces los empleados dijeron que querían involucrarse y ayudar. Terminaron yendo a la escuela secundaria dos veces al mes, impartieron conferencias, hablaron de sus habilidades en la industria de la aviación y la tecnología. Abrieron los ojos de los estudiantes a un futuro del que también podrían participar». El siguiente paso en la introducción de los valores a sus otras compañías también fue natural para Nehama: «Consideré algunos de los valores del Grupo Arison y comencé a implementarlos en mis otras compañías, especialmente en Financial Freedom, y empleé las herramientas originales del seminario», recuerda. Sus empleados pudieron ver claramente los beneficios.

Luego pasó a hablar del negocio bancario: «Cuando Shari introdujo la idea de la libertad financiera, se convirtió en algo muy importante en el Banco Hapoalim, con el tiempo llegó a representar una gran parte de la transformación que sufrió el banco –resume Nehama–. Luego empezamos a notar que los otros bancos hablaban en los mismos términos, usando el mismo idioma, e incluso el gobierno comenzó a invertir en educación sobre la libertad financiera en las escuelas».

Su comentario final fue que ella compara nuestro modelo con una caja de bombones. Probablemente no te puedas comer toda la caja entera de una sentada, pero sí comer tres o cuatro de una vez. Al igual que el Modelo *Doing Good*, es imposible digerir los trece valores de una vez, pero puedes empezar con unos pocos hoy, y seguir con otros mañana, hasta que los implementes todos.

Rentabilidad: personas, planeta, ganancias

Como se ha visto en la historia anterior, constantemente oigo decir que los valores de nuestro modelo se están extendiendo y favoreciendo el cambio. A continuación, pondré un par de ejemplos de nuestro propio grupo que ilustran el impacto que tiene el modelo. Para mí, el resultado final no sólo incluye los beneficios, sino también lo que es más importante: el impacto positivo en las personas y en el planeta.

Salt of the Earth fue adquirida por Arison Investments en 2007. Tras esta adquisición, Salt estableció su misión como «una empresa arraigada y en constante renovación que desarrolla una industria beneficiosa para la humanidad, la comunidad y el medio ambiente, y que contribuye a un rendimiento continuo para sus propietarios y empleados».

El compromiso de la compañía con el negocio, el medio ambiente y la comunidad ha sido explicado mediante la implementación de los valores dentro del Modelo *Doing Good*. Junto con las otras compañías y organizaciones del Grupo Arison, Salt of the Earth ha implementado del todo los primeros cuatro valores a medida que se han adoptado en el Grupo Arison durante los últimos años, es decir, sostenibilidad, voluntariado, dar y libertad financiera, y se continúa trabajando con el objetivo de agregar otros valores del modelo para su implementación.

Al hacerlo, Salt of the Earth no sólo vio una mejora en su reputación dentro de la comunidad, sino que también experimentó un incremento impresionante en la producción y los ingresos. Salt of the Earth ha sido una empresa viable durante más de noventa años. La gerencia no esperaba que el nuevo estilo de enfoque de liderazgo impulsado por los valores tuviera tal impacto, pero los resultados hablan por sí mismos.

Desde su adquisición, Salt of the Earth ha aumentado significativamente su eficiencia de producción y sus ventas, tanto a nivel nacional como internacional. Durante un período de siete años, la compañía aumentó sus ingresos generales en un 40 por 100, y su crecimiento en la participación de mercado en el sector de la sal también aumentó en un 35 por 100 (del 12 al 16 por 100). Salt of the Earth atribuye su éxito a la diferencia que la implementación de los valores ha tenido en sus empleados y en sus operaciones altamente sostenibles.

Similar y, sin embargo, único

Las compañías originales que ahora forman el grupo Shikun & Binui han estado activas desde la década de 1920 y, con el paso de los años, se han convertido en actores importantes en los ámbitos de la construcción, los bienes raíces y las infraestructuras. Antes de 2006, Arison Investments tenía interés en este grupo de empresas, pero no era un accionista controlador. Entreví un gran potencial en esta empresa y admiré la profundidad y la experiencia de sus esfuerzos globales, pero en ese momento el grupo original de compañías era inestable debido a los bajos niveles de equidad.

Sin embargo, en 2006, Arison Investments compró la mayoría de las acciones de los empleados y obtuvo una participación mayoritaria, con la visión de liderar las compañías a través de un proceso de autorrenovación y crecimiento. Desde entonces, Shikun & Binui ha adoptado la visión de la sostenibilidad y se ha visto sometida a un extenso proceso de transformación.

La implementación de los valores dentro del Modelo *Doing Good* ha sido un importante factor que ha contribuido a su espectacular recuperación, junto con el hecho de que Shikun & Binui han formado un equipo directivo sólido, asegurándose de que las personas adecuadas estén donde tienen que estar. La compañía también ha adoptado otras estrategias comerciales que han alineado este grupo de empresas con la visión general de Arison Investments, según la cual hacer el bien es un buen negocio.

Tendiendo puentes para la prosperidad

Hay grandes proyectos de infraestructuras en los que Shikun & Binui está involucrada en todo el mundo. La lista creciente de proyectos y sus impactos positivos siguen sorprendiéndome. Ahora me gustaría hablar de uno sólo como ejemplo para demostrar cómo el trabajo de nuestras empresas aporta un valor añadido a la humanidad.

El puente Loko-Oweto sobre el río Nenue, en Nigeria, está programado para completarse a finales de 2015, y tendrá una influencia extraordinaria en la población local. Se trata de dos puentes que unirán el norte y el sur del país, que también unirán la periferia con sus áreas rurales, el centro de los negocios y el comercio. Sin esta conexión, las personas que viven en las áreas rurales tienen oportunidades de avance muy limitadas, pero el puente permitirá un acceso mucho mayor a los empleos, la educación, la atención médica, etc.

Los medios de comunicación de Nigeria informaron de que con el nuevo acceso los viajes en todo el país mejorarían en gran manera. También dijeron que el proyecto del puente y las mejoras en la serie de caminos previos contribuirían a que se produjera el cambio de las empresas involucradas en el transporte de bienes y servicios, lo que a su vez aumentaría el PIB del país. Las personas en las comunidades de acogida recibieron con satisfacción el proyecto del puente porque sabían que abriría sus comunidades a un desarrollo y crecimiento que antes no era posible.

Como líder mundial en la construcción de entornos de vida sostenibles, locales e internacionales, Shikun & Binui está creando varios proyectos importantes en países de todo el mundo que aportan un valor añadido para la humanidad. Como prueba de que hacer el bien es un buen negocio, los números hablan por sí mismos. La tasa de crecimiento anual compuesta (CAGR) para acciones en Shikun & Binui ha aumentado en un 39 por 100 desde 2007 hasta el primer trimestre de 2014. La tasa de crecimiento anual (CAGR) para acciones y dividendos ha crecido un 53 por 100 en ese mismo período de tiempo, asegurando no sólo la estabilidad, sino también compartiendo dicha rentabilidad con todos sus accionistas.

Capítulo 18

Llamada a la acción

Todos podemos ser líderes

Mi llamada a la acción se dirige a los líderes empresariales. ¿Por qué? Porque los líderes empresariales y los empresarios en general pueden convertirse en agentes de cambio en todo el mundo.

Además, creo que todos pueden ser líderes. No importa en qué campo trabajen, o qué forma o tamaño tengan sus empresas, si son líderes en su familia, entre sus amigos, en la escuela o, simplemente, viajando por la vida: deben tomar medidas.

En mi mente, la acción es silenciosa, sutil, interna y, sin embargo, poderosa, porque resuena en todo y en todos los que nos rodean. Espero haber inspirado estas ideas no sólo a nivel comercial, sino también a nivel espiritual, brindándote formas prácticas de elevar tu intención, conectarte con tus propios valores y prosperar. Ahora puedes ver cómo las personas, las empresas y las organizaciones pueden llegar a basarse realmente en los valores y cómo, a la larga, esto es más rentable de muchas maneras.

Una vez que te conectas con los propios valores, tienes un importante papel de liderazgo que desempeñar para ayudar a motivar y conectar a las personas que te rodean con los valores personales y colectivos que adoptas como empresa u organización.

Cuando creemos en algo más grande que nosotros mismos y nos comportamos en consecuencia, en todos los aspectos de nuestras vidas, es decir, en nuestras vidas privadas, en nuestras actividades comerciales y en nuestra filantropía, alcanzamos el más alto potencial.

De esta manera, puedes ver que el liderazgo basado en los valores va más allá de los negocios. Se basa en ser consciente de tus valores que se hallan en el corazón de tu propio enfoque y de tus propias acciones. Tus valores te convierten en el tipo de persona que eres, el líder que quieres ser; y todos podemos ser líderes, cada uno a su manera única.

Los líderes nos inspiran con su visión. Aportan ideas elevadas y las transforman en realidad. Tenemos el poder de cambiar, de inspirar, de marcar la diferencia. Todos queremos las mismas cosas, crecer y realizarnos, vivir nuestros sueños y pasiones y, al mismo tiempo, ser felices, sanos y estar en paz.

Así que te desafío a que pienses no sólo en tu futuro éxito, sino también en tener éxito con una brújula moral dentro de tu corazón y con un estado de ánimo predispuesto a que todos salgan ganando. Siempre habrá quien piense que esto no es posible, pero yo estoy aquí para decirte que sí lo es. Todo es posible cuando le pones mente y corazón y cuando lo haces de una manera positiva.

Así, individual y colectivamente, marquemos la diferencia que queremos ver. Una diferencia poderosa, positiva, buena, provechosa para todos.

SECCIÓN DE CLAUSURA

El Modelo *Doing Good*:
Definiciones de los valores

Libertad financiera: libertad (y deseo) de elegir, basada en la responsabilidad y la comprensión del marco de las habilidades y posibilidades económicas en cualquier momento.

Pureza: claridad de pensamientos, intenciones y acciones.

Ser: existencia armoniosa con todos los componentes que crean el todo.

Paz interior: proceso interno, personal, continuo y constante que nos lleva a un lugar tranquilo y equilibrado dentro de nosotros mismos.

Realización: darse cuenta de todo el potencial del yo (mientras estamos en paz con nuestras elecciones).

Vitalidad: energía interna e impulsora que permite la obtención de un ritmo dinámico de vida y de renovación constante.

Donación: dar desde un lugar sincero, fortalecedor y verdadero.

Voluntariado: acción para la comunidad, basada en la fuerza interior y el amor por los demás.

Lenguaje y comunicación: gama de canales que facilitan el envío y la recepción de información, con sincronización, autenticidad, respeto y precisión, que conducen a la comprensión de los mensajes tal como son.

Sostenibilidad: protección y mejora de la existencia a través del equilibrio económico, social y ambiental, para nosotros y para las generaciones venideras.

Valor añadido para la humanidad: el coraje y la capacidad de conducirse hacia un mundo mejor conectando el pensamiento, la emoción, las acciones y la realización del potencial universal.

All One (todos somos uno): cada persona tiene su singularidad, pero en conjunto componemos el todo y formamos parte de él.

Abundancia: reconocer que todo existe y acción responsable para garantizar «lo que es».

El Modelo Doing Good de un vistazo

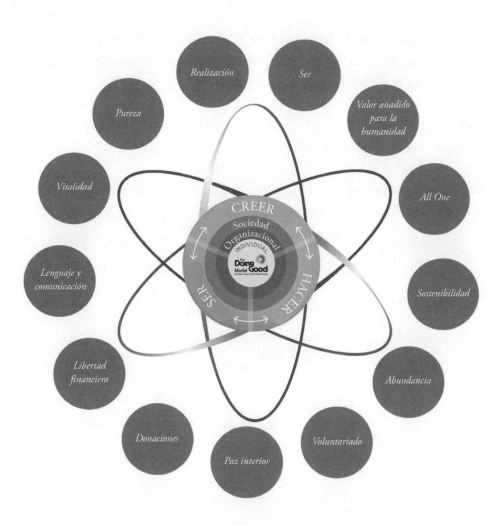

www.thedoinggoodmodel.com

Agradecimientos

Son tantas las personas a las que deseo dar las gracias que necesitaría otro libro completo para poner todos los nombres. Como dije en la dedicatoria, todos, absolutamente todos y cada uno de vosotros, sois apreciados.

Para mis hijos, Jason, David, Cassie y Daniel, que siempre se entregan, tanto en lo personal como en nuestra actividad filantrópica.

Al grupo, la administración y los empleados de The Ted Arison Family Foundation: con el liderazgo de Jason estáis haciendo realidad mis sueños filantrópicos y creando una transformación verdadera y perdurable.

Al Grupo Arison Investments y Safo, a la gerencia y a los empleados: especialmente a Efrat Peled, que a lo largo de los años ha superado firmemente los desafíos, asegurándose de que mi sueño en el mundo de los negocios basados en los valores se consiga y sea sostenible.

Para Meir Wietchner y su equipo: por su compromiso con el Modelo *Doing Good* y la expansión del mismo.

A mi agente, Bill Gladstone, que gracias a su dedicación ha llevado mi trabajo a audiencias de todo el mundo; a Benbella, por creer en mí y por su profesionalidad; a mi editor Simone Graham, que ha puesto todo su corazón en simplificar mi visión; y a los socios de Finn, especialmente a Deborah Kohan, Amy Terpeluk, y sus equipos, por su increíble trabajo.

A todas las personas que fueron entrevistadas, que compartieron sus historias y sus hechos, tanto si se mencionan en el libro como si no. Todas saben que me refiero a ellas. También quiero dedicar un agradecimiento especial a Ido Stern y Tamar Ben Ruby, y a sus equipos por cuidar y hacer todo lo posible para que mis libros sean un éxito y para que los mensajes que contienen resuenen, creando el mundo positivo que todos queremos ver.

Acerca de la autora

Shari Arison es una empresaria y filántropa estadounidense-israelí, propietaria de la empresa global Arison Group, la cual opera en más de cuarenta países en los cinco continentes para hacer realidad la visión del Modelo *Doing Good* a través de los negocios y la filantropía.

El brazo comercial de Arison Group, Arison Investments, trabaja en las áreas de las finanzas (Bank Hapoalim), las infraestructuras, los bienes raíces y la energía renovable (Shikun & Binui), la sal (Salt of the Earth) y el agua (Miya). Su brazo filantrópico, The Ted Arison Family Foundation, incluye las organizaciones Essence of Life, Goodnet.org, All One y Ruach Tova, que implementan la iniciativa global del Arison Good Deeds Day. También es la fundadora de Matan, la United Way Israelí.

Arison ha creado un modelo único basado en los valores humanos fundamentales para llevarlos a la conciencia central de los negocios, las organizaciones y las comunidades. Como reconocimiento de la importancia del Modelo *Doing Good*, fue nombrada Doctora Honoris Causa por la Universidad George Mason.

En 2010, Shari Arison recibió el premio Socio por la Democracia de la Liga de Amistad de América-Israel por su contribución al avance de las relaciones económicas entre Estados Unidos e Israel. En 2011, y nuevamente en 2012, fue considerada por la revista *Forbes* como una de las mujeres más poderosas del mundo, posicionándola como una fuerza positiva en el mundo de los negocios y la filantropía. También ocupó el segundo lugar en la lista de *Forbes* de los multimillonarios más ecologistas del mundo, en reconocimiento a sus contribuciones al medio ambiente, tanto en Israel como en todo el mundo, las cuales pone en práctica en sus negocios. Shari Arison es autora del bestseller internacional *Activate Your Goodness* (*Activa tu bondad*, Ediciones Obelisco, 2017) y *Birth: When the Spiritual and the Material Together*. También es madre de cuatro hijos y reside en Israel.

Para obtener más información, visita www.shariarison.com

Índice